en DETAIL Rehabilitación

en **DETAIL**

Rehabilitación
Reconversión · Ampliación · Reconcepción

Christian Schittich (ed.)

Edition DETAIL – Institut für internationale
Architektur-Dokumentation GmbH & Co. KG
Múnich

Birkhäuser – Editorial de Arquitectura
Basilea · Boston · Berlín

Editor: Christian Schittich
Redactores jefe: Thomas Madlener, Andrea Wiegelmann
Redacción: Christine Fritzenwallner, Julia Liese

Dibujos: Norbert Graeser, Marion Griese, Olli Klein, Nicola Kollmann,
Emese Köszegi, Elli Krammer, Sabine Nowak, Andrea Saiko, Claudia Toepsch
Diseño gráfico: Peter Gensmantel, Andrea Linke, Roswitha Siegler, Simone Soesters
Traducción al castellano: María Gómez Fernández-Layos
Lector de castellano: Roberto Gonzalo

Este libro es fruto de la colaboración de
DETAIL – Instituto de Documentación Internacional de Arquitectura S. L. & S. en C.
y Birkhäuser – Editorial de Arquitectura

Información bibliográfica de la Biblioteca Alemana
La Biblioteca Alemana incluye esta publicación en la Bibliografía Nacional Alemana;
datos bibliográficos detallados en http://dnb.ddb.de.

© 2006 Instituto de Documentación Internacional de Arquitectura S. L. & S. en C.,
Apartado postal 33 06 60, D-80066 Múnich, www.detail.de
y Birkhäuser – Editorial de Arquitectura, Apartado postal 133, CH-4010 Basilea,
www.birkhauser.ch

Impresión sobre papel sin ácido, producido a partir de celulosa blanqueada sin cloro
(TCF∞).

Impreso en Alemania
Reproducción:
Karl Dörfel Reproduktions-GmbH, Múnich
Impresión y encuadernación:
Kösel GmbH & Co. KG, Kempten

ISBN 10: 3-7643-7639-2
ISBN 13: 978-3-7643-7639-0

9 8 7 6 5 4 3 2 1

Índice de contenidos

Reconversión creativa

Christian Schittich

La intervención en edificios ya existentes ha dejado de ser una cuestión meramente urbanística o de conservación de monumentos históricos, para convertirse en necesidad económica y ecológica. En un momento en el que la disponibilidad de materias primas y la emisión de sustancias contaminantes son cada vez más problemáticas, al tiempo que se experimenta el decrecimiento de la población en los países industrializados, es más imperativa que nunca la necesidad de recuperar y rehabilitar las construcciones existentes, en lugar de continuar la progresiva destrucción de las superficies verdes y el abuso de los recursos naturales. Las medidas de remodelación y rehabilitación, que ya alcanzan un volumen de casi el 40 % de la construcción total en Centroeuropa, seguirán ganando importancia en un futuro próximo.

La rehabilitación no significa únicamente ocuparse de construcciones de cierta relevancia histórica, sino también de edificios de carácter banal, como naves industriales o asentamientos de viviendas en serie de la posguerra. Siendo así, igual de variado será el abanico de tareas: desde la mera reparación de daños constructivos hasta la optimización funcional y estética o la rehabilitación ecológica, desde la restauración fiel hasta la reconcepción más creativa. En cada caso, el acercamiento del arquitecto a la tarea depende directamente de la construcción existente.

En lo que se refiere a la intervención creativa en construcciones de valor histórico, la rehabilitación de la fortaleza medieval Castelvecchio en Verona (1956–64) del arquitecto Carlo Scarpa fue durante largo tiempo una obra de referencia. Los principios que el arquitecto aplicó en el proyecto – la clara diferenciación de una intervención decidida y lo preexistente mediante el empleo de materiales contrarios – no han perdido validez, y seguimos encontrándolos por doquier en la rehabilitación de edificios históricos. Muy en la tradición de Scarpa, aunque con menos detalles amanerados, se hallan la renovación urbana del arquitecto Alvaro Siza en la localidad siciliana de Salemi (página 38), la reconversión de una iglesia en centro cultural en Toledo, obra de Ignacio Mendaro Corsini (página 48), y el museo en Colmenar Viejo de Aranguren Gallegos (página 56).

Mucho más común, sin embargo, es una actitud de diseño que borra cada vez más los límites entre la construcción existente y la intervención, en un intento de los arquitectos de reinterpretar la antigua construcción y desarrollarla. Tal es el caso de la colosal reconversión de dos edificios industriales históricos: la antigua Bankside Power Station en Londres, que hoy día alberga el museo Tate Modern (página 150), y la anterior planta de fabricación Fiat en Turín (página 158). El acercamiento de Renzo Piano en la impresionante fábrica Lingotto puede ser calificado de pragmático: visto desde fuera, el aspecto del edificio se conserva casi intacto – amén de los nuevos acentos de la cubierta –, mientras que en el interior desaparecen las barreras entre lo antiguo y lo nuevo, integrando de forma natural los reducidos detalles de la rehabilitación. Korteknie & Stuhlmacher, sin embargo, colocan su "parásito" en un lugar expuesto de la cubierta del antiguo almacén en el puerto de Rotterdam, marcando con ello una clara diferenciación. Gracias a la superposición a modo de collage, los arquitectos dotan a la antigua nave de una nueva definición (página 108).

Mientras los ejemplos hasta ahora citados muestran la conservación de aspecto y forma de la construcción existente, en el caso de la rehabilitación de edificios de viviendas, sobre todo si se trata de las estériles construcciones de edificios prefabricados de viviendas en el este de Alemania, la intervención no sólo persigue una mejora de calidad de la vivienda misma sino también del aspecto exterior del edificio, como ocurre con el proyecto de Knerer & Lang en Dresde (página 120). Baumschlager & Eberle aprovechan únicamente la estructura portante del edificio de la empresa reaseguradora Münchener Rück (página 134), creando una construcción moderna que no preserva señales visibles de su predecesora, ni exterior ni tampoco interiormente.

Durante mucho tiempo, los arquitectos han visto la tarea de la rehabilitación más bien como un mal necesario, mientras eran coronados de laureles por sus brillantes construcciones de nueva planta. Se trata de un fenómeno especialmente destacado en el Movimiento Moderno, en el que lo viejo gozaba de escaso valor y la vanguardia se ocupaba casi exclusivamente de lo nuevo. Debe decirse, sin embargo, que con el paso de los años las cosas han cambiado.

Los ejemplos anteriormente mencionados y el resto de los proyectos que aparecen presentados en esta obra ponen de manifiesto la amplia gama de tareas, alternativas y posturas existentes en el campo de la rehabilitación. Lejos de resultar poco interesante, el diseño a partir de una construcción existente, que ofrece un marco de actuación al proyectista, es una de las tareas más creativas y fascinantes de la arquitectura.

Las reconversiones son algo totalmente normal

Johann Jessen y Jochem Schneider

Por doquier se plantea la cuestión de la reconversión de edificios existentes: un reactor regenerador en Kalkar que nunca llegó a funcionar es equipado como centro de congresos y de ocio, en una central transformadora de una zona apartada de Colonia se encuentra una galería, un cine Multiplex inaugurado hace cinco años en la nueva estación central de trenes de Friburgo en Brisgovia alberga hoy espacios de oficina y un planetario (Fig. 2.19). La lista de las transformaciones es extensa y no se limita a soluciones extravagantes.[1] Hoy día son reconvertidas las profanas construcciones cotidianas tanto como los edificios histíricos. Todo es objeto de reconversión *a priori.* Por otra parte, las tareas futuras de proyecto y diseño se concentran especialmente en el campo de los "productos de masa" de la construcción.

Desarrollo urbanístico como modificación de lo construido

¿Puede ser que el objetivo de la arquitectura y el urbanismo sea en primera línea la adaptación, la remodelación o, simplemente, la demolición de construcciones existentes? Desde principios de los años 70 crecen en Alemania – con fluctuaciones coyunturales – las inversiones en inmuebles existentes de forma desproporcionadamente superior a las de inmuebles de nueva planta. A mediados de los 80, más de la mitad de los fondos invertidos en el sector de la construcción estaban destinados a los edificios existentes. Desde entonces se observa el progreso de esta tendencia en pro de la reconversión.
Allí donde se pronostica el decrecimiento del índice demográfico, se construyen menos viviendas de nueva planta, guarderías y colegios, a la par que aumenta la demanda de viviendas y residencias de ancianos. No sólo en las grandes urbes de Alemania del Este, sino también en otras regiones de Europa, se baraja la idea del derribo de asentamientos enteros debido a la sobreoferta del mercado. Por otra parte, es de suponer que el abandono de la industria y las viviendas se verá acompañado por el abandono futuro del sector terciario. La racionalización acabará por reducir este sector, especialmente en el terreno bancario y de seguros, dejando obsoletos los espacios de oficina. Ha llegado la hora de considerar las construcciones existentes – tanto a gran como a pequeña escala –, también desde la perspectiva ecológica. La remodelación y la reconversión de las construcciones existentes son hoy elementos centrales de la planificación urbanística que proclama la conservación de los recursos naturales en el desarrollo interior. Eso ha cambiado la opinión sobre las construcciones existentes: la ciudad urbanizada se considera como una especie de almacén intermedio en el que se reúnen cantidades enormes de material y energía. Los modelos conocidos de desarrollo urbanístico, sin embargo, siguen vigentes: la demanda de superficie en Alemania mantiene su alto nivel, cada día se edifican entre 120 y 130 hectáreas de superficie no urbanizada.[2]
El desarrollo urbanístico siempre ha implicado expansión, remodelación y conservación a un mismo tiempo, aunque con distinto énfasis cada vez. La adaptación de los edificios a las nuevas exigencias es – como alternativa al derribo y la posterior construcción de nueva planta en terrenos urbanizados o superficie no urbanizada – un elemento esencial del cambio urbanístico. En tiempos preindustriales, la reconversión de los edificios existentes era necesidad económica y normalidad cultural. El despliegue técnico, el tiempo necesario, la larga duración de uso y el valor del edificio exigían una construcción duradera y la conservación del objeto existente. La oferta limitada de materiales de construcción y el transporte, que generalmente era tan difícil y costoso como la propia demolición, hacían necesario el "reciclaje" de emplazamientos, elementos de construcción y materiales.
Cuando consideramos el tratamiento de los edificios existentes en el urbanismo moderno, tendemos a interpretar la época de incipiente urbanización de mediados del siglo XIX como fase histórica atípica en el sentido de una aparentemente ilimitada expansión permanente de la edificación. La idealización de lo nuevo era expresión de adelanto y prosperidad. Ésta se veía acompañada de una amplia negación de la historia que se manifestaba urbanísticamente en los ensanches especulativos que acompañaron a la imparable actividad de crecimiento y expansión industrial del siglo XIX. Nuevos grandes almacenes y despachos ocuparon los solares de los antiguos edificios en ubicaciones céntricas, remodelando los núcleos urbanos. Al declarar la remodelación urbanística como objetivo estatal, ésta resultaba equiparable al derribo y la construcción de nueva planta. La valorización de lo antiguo se limitaba a los edificios históricos clásicos, como palacios, iglesias y fortalezas.
La supeditación de la construcción existente tampoco experimentó cambio alguno tras la Primera Guerra Mundial, sino que los nuevos conceptos urbanísticos que marcaban un contraste con la antigua ciudad llevaron en ocasiones a la destrucción de las estructuras urbanísticas heredadas. Esta tendencia fue dominante hasta los años 60 del siglo XX y marcó el urbanismo europeo, amén de unas pocas excepciones, como lo demuestra el hecho de que hoy día más del 70% de los edificios existentes en Alemania fueron erigidos

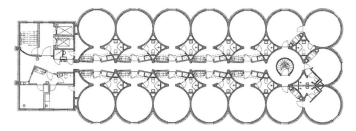

2.2

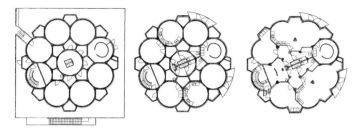

2.3

en las últimas cinco décadas. Para arquitectos y proyectistas, la remodelación y reconversión de edificios no eran, por consiguiente, más que tareas de carácter secundario. El desarrollo urbanístico que aprovecha y conserva las estructuras existentes es muy reciente y se halla estrechamente relacionado con el difícil cambio urbanístico del reemplazamiento de barrios enteros a la renovación con enfoque conservador de principios de los 70. La conservación de edificios históricos, el cuidado urbanístico de la ciudad y la mejora de las infraestructuras en las áreas de renovación urbana eran objetivos de reconversión de los antiguos núcleos urbanos y los barrios céntricos del siglo XIX. Con la extensión a pueblos, zonas industriales y superficies de circulación abandonadas y – desde comienzos de los años 90 – también a los antiguos complejos militares, la rehabilitación se ha integrado en las estrategias urbanísticas globales del desarrollo interior, como un componente económico y ecológico. Considerando el decrecimiento actual de las ciudades, resulta obvia una ruptura fundamental: los ciclos de reconversión son cada vez más cortos, los usos temporales deben ser concebidos como parte de una estrategia espacial a largo plazo. El carácter transnacional de la cuestión queda acentuado por el proyecto europeo de investigación "Urban Catalyst", en el que se tratan las interrelaciones entre los objetivos urbanísticos y las actividades culturales temporales en la renovación de la ciudad, como por ejemplo en el uso transitorio planeado para el Palacio de la República en Berlín (Fig. 2.9).

La adaptación constructiva de los edificios existentes se ha convertido en un criterio central para el futuro de nuestras ciudades y aglomeraciones urbanas. La reconversión se caracteriza por el económico empleo de material, superficie y energía, y es un paso hacía un mejor aprovechamiento de la infraestructura, que se utiliza como instrumento de *marketing* para la caracterización del emplazamiento. La innovación y lo existente han dejado de ser antagonismos. No existe terreno o tipología que no puedan ser sometidos a un cambio de uso en el futuro. Cada vez más rápido y con una vida media más corta, la arquitectura de masas de las últimas cinco décadas se ve sometida a un constante círculo de renovación. Muchos son los ejemplos de este desarrollo: el cambio de cara de los grandes asentamientos; la revalorización de las zonas industriales, ligadas al establecimiento del sector terciario; el "reequipamiento" energético, constructivo y técnico de los edificios de oficina, tanto en instalaciones como en medios de comunicación; y el embellecimiento de zonas peatonales y centros comerciales, entre otros.

La remodelación y la reconversión han de aplicarse como estrategias en superficie a fin de lograr un efecto urbano estructural. Al aplicar a largo plazo tales estrategias en los edificios para uso de viviendas, industria y oficinas erigidos en la segunda mitad del siglo XX, el punto central de la investigación constructiva y arquitectónica deberá estar en el futuro en estos campos. ¿Cómo lograr una racionalización del proceso de estudio de proyecto y puesta en obra? ¿Cómo organizar remodelaciones en emplazamientos ya edificados, si escasea superficie para el almacenamiento de los materiales y son imprescindibles conceptos logísticos eficaces?

El ciclo de reconversión no sólo abarca productos en serie, sino también aparatosos edificios singulares: construcciones funcionales, como centrales energéticas, grandes almacenes, estaciones de tren y laboratorios. Entretanto vivimos en silos de cebada, nos bañamos en antiguas pilas de sinterización, jugamos al baloncesto en naves que antes fueron iglesias (Fig. 2.7) y organizamos exposiciones en gasómetros. Al final, el paisaje mismo acaba por someterse a este proceso:[3] los parques paisajísticos de la exposición de arquitectura Emscher Park en el terreno de las antiguas plantas de acero y coque siderúrgico son buena prueba de ello. Estos encuentran réplicas en otros emplazamientos de la industria pesada y en los terrenos de explotación de lignito. En las grandes ciudades de Alemania del Este, sometidas a un constante decrecimiento, las propuestas incluso consideran el retorno de antiguas superficies urbanas al paisaje. Los plazos de amortización son cada vez más cortos y los ciclos de reconversión han dejado atrás plazos de revisión de las listas de monumentos históricos. Mientras tanto se adaptan, modernizan y sanean los edificios de los años 60 y 70, construcciones que las autoridades de monumentos históricos no habían tenido en cuenta hasta el momento. Dado el brutal tratamiento de estos objetos, no cabe excluir que hayan desaparecido algunos testimonios de esta época, cuya pérdida lamentaremos algún día. Ya en el diseño y la construcción de nuevos edificios, se debería perseguir el desarrollo sostenible de los asentamientos urbanos, así como una posible conversión y remodelación en el sentido de una "gestión prospectiva", a fin de garantizar una integración en ciclos materiales preferentemente cerrados.[4] Los inversores de objetos industriales o comerciales muy específicos deberían disponer ya en la solicitud de licencia de conceptos alternativos de uso, para el caso de que la construcción proyectada no encuentre salida en el mercado con el programa previsto. Este tipo de objetos han de permitir, con un esfuerzo razonable, una conversión para uso de oficinas, viviendas y comercio. "Contando con una correcta selección de procesos constructivos y materiales, podremos erigir edificios que generen escasos residuos

en la obra, edificios con una escasa necesidad de mantenimiento que puedan responder de manera flexible a los cambios acontecidos y puedan ser reciclados casi un 100 % al término de su ciclo de vida."[5] No sólo los costes de construcción, sino también los costes de un completo derribo deben ser tenidos en cuenta en los cálculos de inversión y la obtención de licencia de obra. Con ello variarán los parámetros de decisión, haciendo que la remodelación y la reconversión también resulten más atractivas económicamente, lo que llevará previsiblemente a una polarización en el campo de las construcciones de nueva planta: por un lado, con edificios de cortos plazos de amortización y una vida útil limitada; por otro lado, con inversiones a largo plazo en las que se prevén márgenes de maniobra para nuevos usos, aún sin determinar a la hora de diseñar el edificio.

¿Cómo adquiere el edificio existente un nuevo uso?

Con la conversión de una construcción existente, variará inevitablemente la relación objeto-función: mientras que en una construcción de nueva planta se diseña una envolvente para un programa predeterminado, en la rehabilitación ya existe la envolvente para la que se han de desarrollar nuevos progra-

2.1 Edificio de oficinas de la Münchener Rück, Múnich (Baumschlager & Eberle, Vaduz).
2.2 Residencia de estudiantes en un antiguo silo de grano, Oslo. 226 unidades de vivienda en 16 plantas (HRTB AS Arkitekter MNAL, 1953). Planta.
2.3 Viviendas en un antiguo silo de cebada, Copenhague (Vilhelm Lauritzen, 1957). Planta.
2.4 *Skatebowl* temporal en un antiguo hangar de aviones en Eindhoven (Maurer United Architects). El hangar se ha convertido en escultura transitable.

2.4

mas de uso. Esta inversión constituye el desafío y el potencial de la tarea de proyectistas, arquitectos y promotores. Ahora que, además de edificios protegidos de gran valor histórico, nos encontramos con edificios cotidianos y a menudo banales, nos enfrentamos a la cuestión de la "programación" adecuada y de los usos que pueden tener lugar dentro de la envolvente existente. En principio se pueden diferenciar tres modelos distintos: junto a las existencias expuestas, cuyas excepcionales propiedades constructivas y espaciales favorecen directa o indirectamente una conversión pública y cultural, se encuentran las existencias ocupadas y apropiadas, que sólo ofrecen espacio para un programa temporalmente estable que no podría ser realizado en otro emplazamiento, así como las existencias ya aprovechadas, que encuentran entrada directa en el círculo de creación de riqueza del mercado inmobiliario.

Espacios de presentación – existencias expuestas
Este tipo de conversión sigue resultando el más familiar, como único camino de conservar un monumento histórico como tal. El nuevo uso generalmente cultural salta a la vista: los castillos se convierten en castillos museo, las casamatas en museos de armas, los grandes almacenes de grano en museos municipales (p. 64, centro de información en Criewen). Aun cuando se conviertan antiguas casas señoriales en salas de concierto, iglesias en centros comunales o graneros en bibliotecas, se trata generalmente de edificios declarados como monumentos históricos en sentido tradicional, cuyo valor resulta tan poco controvertido como su nueva función pública. Tales construcciones juegan un papel importante en la identidad cultural y la conciencia histórica de un lugar. Generalmente se opta por este tipo de rehabilitación frente a otras como prueba de una política urbana más cercana a los ciudadanos. Los proyectos de este tipo enfatizan el perfil cultural local y pueden cobrar importancia económica, siempre que resulten atractivos para el turismo. No obstante, la conversión pública de monumentos históricos por parte de las autoridades estatales o municipales suele ser limitada, debido a los altos costes de inversión y ejecución.

Nichos de pioneros – existencias apropiadas
El otro extremo de la escala lo forman los edificios sin uso, con escaso valor económico y de valor histórico poco apreciado durante largo tiempo, que fueron destinados en el pasado al uso industrial o comercial. Lo imposible en otros lugares es posible en estas construcciones: grandes espacios y alquileres bajos permiten nuevas constelaciones de uso, interpretaciones singulares y experiencias espaciales insólitas. Los artistas han sido los primeros en utilizar antiguas naves industriales como asequibles talleres espaciosos; si bien existen otras iniciativas culturales pioneras en la apropiación de edificios depreciados. Los edificios de antiguas fábricas suelen ser los lugares que más se prestan a la experimentación con nuevas formas de vida y vivienda. Jóvenes empresarios recurren a estas reservas espaciales para establecer su empresa con la menor inversión temporal y económica posible. Sin embargo, la apropiación de estos inmuebles también puede realizarse de manera transitoria e informal – como cuando un grupo de *skater* o raperos ocupa un espacio urbano en un acto de creativa enajenación funcional. Este tipo de conversión suele tener lugar sin grandes cambios, con solo unos pocos elementos como rampas y tablas (Fig. 2.4). Cuestiones arquitectónicas y de diseño

2.5

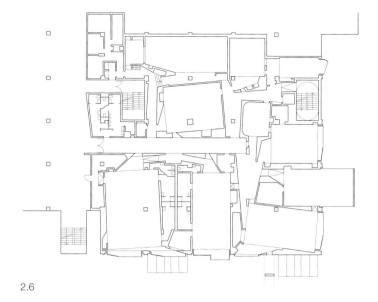

2.6

suelen jugar un papel subordinado, siendo más importante el espacio mismo y la atmósfera de vacío en la que tengan cabida las propias ideas. Actualmente se observa que este fenómeno de la autoapropiación ya no se limita a las zonas industriales, sino que se ha extendido también a las superficies comerciales abandonadas.

Conversión como explotación – existencias comercializadas
Los nichos no suelen mantenerse mucho tiempo, la apropiación informal precede a un nuevo uso o sirve de ocupación transitoria. Estas apropiaciones abren nuevas perspectivas de mercado y muestran opciones de uso lucrativas. La conversión se hace económicamente viable cuando se detecta el capital potencial, no sólo material, de la construcción existente.[6] Los usuarios temporales deben ceder el espacio y buscar un nuevo nicho en otro lugar. Con el llamado aburguesamiento de los arrabales revalorizados se produce el incremento de los alquileres, mientras cambia la estructura de la población y los comercios, perdiéndose con frecuencia el distintivo local. La conversión de edificios existentes es hoy un campo estable de actividad económica dentro del sector inmobiliario, que se sirve de la diferenciación de estilos de vida y la creciente valorización de lo antiguo: plantas de fábrica como sedes de empresa, cuarteles militares como hoteles o silos convertidos en residencias de ancianos. Las formas desarrolladas en un principio al margen del mercado, como los *lofts,* forman desde hace tiempo un segmento económicamente explotable y los encontramos en numerosos catálogos de muebles. En las grandes urbes, la conversión de fábricas en apartamentos para clientes de alto poder adquisitivo se ha convertido en uno de los negocios inmobiliarios más lucrativos. Incluso para satisfacer la demanda de superficie de los comercios minoristas y empresas de servicios, hasta ahora cubierta por construcciones de nueva planta, la conversión es ahora una opción común y, desde la perspectiva de las propias empresas, una mera decisión de mayor rentabilidad. Junto a los criterios materiales, como los bajos costes de urbanización, las ventajas del emplazamiento y la gran oferta de espacio, son cruciales otros criterios inmateriales: la "historia" cobra importancia como factor de localización secundario. El prestigio de lo antiguo, la atmósfera de lo auténtico y la relación entre lo existente y lo nuevo son símbolo de innovación e ingeniosidad, de apertura al diálogo y adaptabilidad. Posibles desventajas, como eventuales compromisos en el programa espacial o el bajo estándar de equipamiento, se aceptan sin más. Incluso los riesgos más certeros – como una menor calculabilidad de los costes y plazos, o las cargas derivadas de la protección como monumento histórico – ya no asustan a nadie.
Nada pone mejor de manifiesto el cambio del concepto innovador de lo "nuevo moderno" a lo "nuevo antiguo" o "antiguo nuevo" que el surgimiento de tipologías de nueva planta basadas en experiencias de conversión. Entretanto se construyen *lofts* de nueva planta, ya que inquilinos y propietarios saben apreciar las distintas posibilidades de uso a la luz de los cambiantes estilos de vida. A partir de las oficinas combinadas con zonas de comunicación intermedias – surgidas de

2.5   Escuela de arte en una antigua biblioteca, St. Denis/París. La fachada es obra de Bernard Dufournet y Jacques Moussafir.
2.6   Planta alta de la escuela de arte. Construcción de los años 70: las nuevas estructuras se insertan en las rígidas tramas constructivas. En esta escuela se mezclan lo nuevo y lo antiguo, surgiendo secuencias espaciales que se contraponen a la antigua estructura.

la necesidad de aprovechar edificios con una iluminación no homogénea – se ha desarrollado un prototipo moderno de nueva planta. La experiencia de que una gran nave de fabrica pueda ser transformada en un magnifico museo anima a concebir el siguiente proyecto de museo como una gran nave, cuyo interior permita realizar cambios y adaptaciones constantes.

En algunas ocasiones, sin embargo, no existe demanda o falta un concepto funcional adecuado para edificios existentes abandonados. Tal es el caso de edificios destinados a un uso muy específico, para los que difícilmente se encontrarán nuevos usos viables y cuyo derribo resulta demasiado costoso (búnkeres), o proyectos que adoptan una función identificadora para el contexto espacial, por cuya razón deben ser conservados (gasómetros o plantas de producción). En estos casos se desarrollará un programa especialmente concebido para el edificio y el emplazamiento, que permita una nueva interrelación de espacio y función. Entre los proyectos de este tipo se encuentran las remodelaciones de silos de grano en bloques de viviendas (Fig. 2.2, 2.3), así como la reconversión de una fábrica de coque en una galería de exposiciones o la de una piscina en una biblioteca. La busca de conceptos para una construcción masiva tan compleja lleva con frecuencia a estructuras de uso híbridas – combinaciones que no serían posibles en otros lugares –.

La cuestión de una adecuada aproximación también se plantea ante la abundancia de productos existentes que, como "productos en serie", apenas disfrutan de relevancia arquitectónica. En este contexto, son necesarios conceptos para construcciones más comunes y para el reaprovechamiento cotidiano. Alemania se enfrenta actualmente a este desafío. Considerando el pronosticado decrecimiento de la población, cabe cuestionar el futuro de edificios erigidos en las últimas cinco décadas. La singular iniciativa de París, sin parangón en Alemania, promueve la rehabilitación de edificios de oficinas abandonados – sobre todo los construidos en los años 60 y 70 – en edificios de viviendas de protección oficial. Dicha iniciativa, fomentada desde 1994 por un programa de subvenciones, ya ha dado sus primeros frutos.[7] La creciente proporción de existencias más jóvenes por convertir plantea dificultades frente a nuevos conceptos de uso, debido a las técnicas especiales de construcción y las tecnologías de instalaciones diferenciadas. La selección de un nuevo programa adecuado a una envolvente existente dejará de ocupar el punto central de la discusión de expertos para cobrar importancia social como tarea de carácter público.

Principios estéticos de la reconversión

Con la extensión de la tarea de reconversión y la disonancia implícita entre el antiguo espacio y el nuevo uso también pierden su validez los dogmas formales. No sólo se invierte la popular norma *form follows function* cuando se subordina la nueva función a la "aptitud del espacio". También es sabido que la máxima "la diferencia siempre funciona", derivada de la obra de Carlo Scarpa y canonizada más tarde, ha perdido su importancia prescriptiva frente a una aproximación específica caso por caso. El solapamiento de la construcción existente y los nuevos usos exige soluciones individuales, según objeto y tarea de proyecto. El *genius loci* encuentra así su reactualización en la reconversión. Los arquitectos se sirven de la historia como referencia y la reinterpretan a su gusto. Actualmente, cada vez un mayor número de arquitectos

2.7

2.8

entiende la tarea de la reconversión como un desafío de diseño. Este hecho pone de manifiesto un cambio en la propia definición de la profesión y explica, al mismo tiempo, el creciente protagonismo de este campo de trabajo en la práctica. De todos modos, la construcción de nueva planta sigue siendo la disciplina estrella, en la que el diseño espacial puede desarrollarse mejor y con mayor libertad, mientras que el número de aquellos que ven el acercamiento dialogante entre conservación y complementación como proceso productivo e inspirador crece con las crecientes experiencias en la ejecución de proyectos de rehabilitación.

El abanico de posibilidades formales va desde la reconstrucción original de un edificio antiguo, pasando por el despreocupado entrelazado de antiguo y nuevo, hasta el amplio desmantelamiento y la posterior construcción de nueva planta (p. 134); desde la reconstrucción fiel de algo que existió a partir de una imagen hoy muy deteriorada, la conservación del estado actual, la contraposición de antiguo y nuevo, hasta la completa remodelación. Las estrategias formales de la reconstrucción se disocian del bipolo antiguo-nuevo, derivando en un híbrido. El valor que tenga lo antiguo y la importancia que se dé a lo nuevo dependerá de la tarea y la situación concretas, pero sobre todo del valor que el arquitecto confiera al edificio por reconvertir, más allá de las exigencias de protección patrimonial. El atractivo formal de la conversión radica justamente en la consideración de los distintos estratos históricos. Lo nuevo no se define a sí mismo de manera independiente, sino en constante diálogo con lo existente. La práctica formal en la conversión de un edificio es tan variada como la paleta de tareas de reconversión, lo que impide identificar principios estéticos unívocos: ni se pueden fijar principios de diseño para determinadas tareas constructivas que presenten cierta dependencia entre la nueva función y la idea del proyecto *(form follows new function),* ni tampoco se pueden referir siempre los conceptos estéticos a la construcción ya existente *(form follows the existing).* Las formas híbridas y los solapamientos suelen ser lo habitual. Pero incluso si cada proyecto se halla sujeto a las condiciones específicas de la construcción, el programa, la intención del cliente y el diseño del arquitecto, se puede hablar de tres principios estéticos que ponen de manifiesto distintos puntos de partida y criterios del tratamiento formal de la construcción existente.

Conservación del "todo antiguo" a imagen del original
El deseo de conservación y protección de los edificios antiguos es el punto de partida central de numerosas reconversiones. La referencia formal a la construcción histórica original juega un papel decisivo estéticamente. Esta idea, tradicionalmente más afín a la protección de monumentos históricos, busca un nuevo uso cercano al uso original. Con frecuencia se opta por funciones culturales: palacetes fielmente reconstruidos albergan objetos museísticos de la vida de los nobles, mientras regias mansiones alojan bibliotecas.

2.7   Salas de deporte y cultura en la antigua iglesia de un monasterio en Tréveris (Alois Peitz, Diözesanbauamt Trier; Gottfried Böhm, Colonia; Dieter G. Baumewerd, Münster). La estructura espacial de la iglesia ha sido conservada, adaptándola al nuevo uso por medio de construcciones integradas.
2.8   Edificio de exposición junto a la casa del pintor Lenbach en Múnich (Kiessler + Partner, Múnich). La infraestructura urbana ha dado lugar a un espacio sobrante, cuyo diseño resulta de una intervención mínima: acceso, caja de conferencias, escaparate.

2.9

El interior del edificio es conservado y abierto al público. La conservación de lo original es el objetivo de muchos museos populares e industriales, en los que el propio edificio es el sumo exponente. En este tipo de aproximaciones, la imagen histórica de una construcción suele considerarse como el testimonio cultural de mayor valor, aunque éste siempre sufra alteraciones. Todas las intervenciones constructivas obedecen al dictado del cambio mínimo y la máxima discreción. Éstas buscan en la reconversión conservadora la imagen ideal de lo auténtico y se caracterizan por salvaguardar la forma del "todo antiguo".

Por otra parte, la idea de conservar el "todo antiguo" también puede servir de punto de partida de un postulado y unos principios de diseño más bien restaurativos, que anteponen la atmósfera de lo histórico a la mera exigencia de autenticidad. Estos se sirven de imágenes históricas conocidas, si bien la apariencia antigua, original o sólo pretendida, goza de mayor interés que la cuestión de su autenticidad. De esta manera se dota a la envolvente conservada de un interior completamente distinto, mientras se mantiene intacta la apariencia exterior del volumen. Interior y exterior son independientes, la construcción existente es "perfeccionada" y parece a menudo más original que el propio original.

La idea de autenticidad se opone a la estrategia de deterioro controlado de construcciones o monumentos históricos. También aquí, la aproximación estética toma como referencia la construcción original o lo que aún queda de ésta. Dicha estrategia se emplea allí donde no existe ninguna posibilidad de conservar una obra importante. Por ejemplo, la planta siderúrgica de la Völklinger Hütte, declarada como patrimonio de la humanidad, ha estado expuesta desde hace años a un proceso de continua erosión; la escenificación de la desaparición y el carácter efímero del objeto son expresión de "sinceridad radical".

Las estrategias de diseño desarrolladas en relación explícita con el original son múltiples y contradictorias: desde la intervención estrictamente conservadora en la construcción existente hasta la escenificación de una historicidad aparente. Sin embargo, todas ellas están marcadas por la idea estética de la imagen original, que determina la expresión formal de la reconversión como el "todo antiguo".

Estratos y fragmentos: la idea de la diferencia
El segundo grupo de estrategias de diseño se basa en la reflexión fundamental de que lo viejo y lo nuevo encuentran sendas expresiones en el edificio reconvertido, contextualizando visiblemente distintos estratos históricos. Se renuncia a la idea de un todo homogéneo en favor de un modelo de dos o más estratos: el espacio compuesto de distintos fragmentos únicamente formará una unidad en la percepción del observador (edificio de viviendas y talleres en Sent, p. 74). La construcción nueva es añadida, resultando claramente legible en el exterior y fácilmente distinguible de la construcción existente. Así se marca una distancia que no implica disonancia, sino diferencia. Entre los distintos estratos temporales y significativos surge una tensión espacial, que es tratada y transformada en tema formal. La interpretación de esta diferencia y la adición de un nuevo estrato, que será temporalmente el más reciente, manifiesta la marca distintiva del arquitecto. Lo antiguo y lo nuevo suelen compartir protagonismo y son estudiados con igual intensidad. En el curso de la concepción se disecciona el edificio existente en distintos estratos. Cabe destacar la obra de Carlo Scarpa como ejem-

2.10

2.11

plo característico de esta estrategia compositiva. No hay un caso más claro de rehabilitación reciente en el que resulte más palmario "el arte de la junta" como en Castelvecchio, Verona (1956–1964).

En la estrategia de la diferenciación no se trata de conseguir una remodelación completa de la construcción existente, sino que ésta suscita más bien un proceso de interpretación. Esta postura sigue el principio del *collage* en el que contrastan distintos elementos claramente legibles, que normalmente no coinciden en un mismo contexto. La elección de los materiales subraya esta decisión: acero, vidrio y hormigón sirven de señal diferenciadora de lo nuevo frente a la piedra natural, la obra de fábrica o el simple revoco. Tal diferenciación hace que el detalle artesanal gane importancia.

Una tarea especialmente delicada es la conversión de monumentos "difíciles". El centro de documentación de Günther Domenig, ubicado en el colosal recinto de congresos del Partido Nacionalsocialista en Núremberg[8], es un ejemplo de estrategia diferenciadora. El arquitecto arremete, metafóricamente hablando, contra el gigantesco edificio y consigue cortar el nudo gordiano: dota de un nuevo uso a una obra con gran carga histórica, sin glorificarla. Ya se trate de un principio limitado a intervenciones pequeñas o un principio rector de una profunda remodelación e, independientemente de la envergadura del proyecto en cuestión, encontraremos esta postura en casi todas las reconversiones de ambición arquitectónica de los años 80 y 90.

La construcción existente como material del "todo nuevo"
La constante revalorización de edificios existentes sigue abriendo nuevas perspectivas de uso para lo depreciado y aparentemente desdeñable. Los últimos años se viene observando la conservación de inmuebles que antes sólo hubieran sido objeto de derribo: sencillas construcciones funcionales sin propiedades representativas o un valor testimonial superior. En todo caso, son decisiones totalmente pragmáticas, ya sean de naturaleza económica o legal, las que llevan a su conservación.

El trabajo con construcciones en serie que se encuentren fuera de toda categoría de conservación histórica o cultural da lugar a una tercera estrategia de aproximación estético-formal: la construcción existente es considerada como un "material constructivo" disponible y variable, que puede ser empleado directamente para la formación de un "todo nuevo". El tránsito entre lo existente y lo añadido es fluido, sin umbral aparente de separación – en suma, sin juntas –. La antigua estructura puede ser ampliamente manipulada y reinterpretada: no existen disposiciones, exigencias o "requisitos de autenticidad". Si bien la identidad original permanece reconocible, el objeto surgido es completamente transformado. No se resalta lo antiguo para establecer un contraste con lo nuevo, sino que se produce una amalgama. Un "montaje" de estas características no es marcadamente antiguo ni marca-

2.9   Lugar de la Volkskammer (parlamento de la antigua RDA), Palacio de la República en Berlín. La ruina es rehabilitada como lugar experimental, proyecto "Urban Catalyst", Berlín.
2.10 Ufa-Palast en Friburgo de Brisgovia (Harter + Kanzler, Waldkirch/Haslach); inaugurado en 1998, cerrado en 2001, reconvertido en 2002 – el constante cambio del mercado inmobiliario hace que los ciclos de uso sean cada vez más breves –. El antiguo cine alberga hoy oficinas y un planetario.
2.11 Galería en una antigua subestación transformara de Colonia (b&k + kniess, Colonia). Aquí se trata de una transformación – el nuevo uso adapta la estructura existente –.

2.12

damente moderno, sino que reúne ambos aspectos sin que resulte legible una categoría o estrato. El edificio reconvertido se presenta como un todo homogéneo. El resultado de estas intervenciones arquitectónicas suele ser original, justamente por no ser original. Cada vez más se aplican medidas que parten del amplio derribo de la envolvente existente: sólo se deja el esqueleto estructural portante, ampliando la construcción donde sea necesario y cubriéndola, dentro y fuera, con una piel nueva. Estas reconversiones apenas son reconocibles como tales, sino que parecen construcciones de nueva planta. A la luz del creciente número de edificios de uso cotidiano que podrían ser objeto de reconversión, son muchas las estrategias formales posibles. En la práctica se pone de manifiesto que la estrategia de la diferencia ha perdido dominancia, siendo ya sólo una de las opciones posibles. Bajo el concepto del "todo nuevo" subyace una aproximación estética en la que lo nuevo no resalta de lo antiguo, desarrollando nuevas formas híbridas específicas para cada proyecto. Lo antiguo nunca se convertirá en escenario de lo nuevo: más allá de las categorías antiguo-nuevo, se busca un nuevo concepto de coherencia formal.

El papel del arquitecto: promotor y diseñador

¿Qué significa la reconversión para el trabajo del arquitecto? El arquitecto se ocupa de cuestiones muy distintas en una remodelación que en una construcción de nueva planta. En el caso de la remodelación, el diseñar implica ser creativo a partir de lo existente. La imagen de conjunto se desarrolla sobre la base del estudio de la construcción existente, no es posible crear un nuevo objeto "de una pieza". El edificio a reconvertir es siempre un conjunto polivalente de estratos materiales, temporales y significativos. Eso requiere menos una invención que una relectura o reinterpretación. De ahí parte el nuevo entendimiento de una obra: las reconversiones son híbridos contradictorios. Estas contradicen el principio de diseño como acto individual de la creación artística, de la idea de un objeto autónomo y homogéneo, especialmente concebido. De la tensión existente entre lo antiguo y lo nuevo surge una obra que no resulta identificable como esfuerzo de un individuo, en sentido estricto, sino que se halla marcada por las firmas de varios autores. Si bien las interrelaciones son evidentes, el desarrollo del programa y el diseño también son resultados de un proceso consecutivo. Con frecuencia, sólo se ve en la ejecución si el programa deseado es viable o si han de realizarse adaptaciones. Definición de usos y cuestiones formales se interrelacionan directa y obligatoriamente. Por esa razón, al realizar una rehabilitación es necesaria una "competencia dispositiva" para interpretar situaciones claramente definidas de manera diametralmente distinta a su lectura original o característica, a fin de abrir vías para su subsistencia futura. Más allá de la univocidad del objeto, es importante descubrir múltiples cualidades en la obra conclusa y conceder a éstas una nueva expresión formal. Este "arte de observación" descubre una multitud de nuevas interpretaciones y posibilidades de lectura en la construcción anquilosada, que permitirán un aprovechamiento creativo para un nuevo uso. Con esta enajenación del uso original se desvanece la hora de nacimiento del edificio, que vuelve a ver la luz una y otra vez. Esta acción conjunta de promoción y diseño constituye un campo de trabajo central, en el que el arquitecto puede jugar un papel importante en el futuro. Dada su experiencia y sus facultades de diseño, éste es capaz de desarrollar nuevas y adecuadas opciones de uso para determinados espacios; al mismo tiempo que dispone de la competencia suficiente para juzgar la idoneidad de las construcciones existentes. Entre las condiciones económicas, las cualidades espaciales existentes y las alternativas formales, surge un nuevo campo de trabajo que no debería pasar a manos de *location scouts,* agencias inmobiliarias o promotoras, por cuanto es necesaria la intervención de un arquitecto desde el comienzo del proyecto. Dado que la reconcepción de lo existente se remite a las constelaciones de usos, es precisa una intervención ofensiva desde el primer momento, si se quieren garantizar las inversiones a largo plazo.

Observaciones:
Este artículo se remite a un estudio del autor realizado por encargo de la fundación Wüstenrot Stiftung; véase Wüstenrot Stiftung (ed.): *Umnutzungen im Bestand. Neue Zwecke für alte Gebäude.* Stuttgart/Zúrich 2000. Aprovecho la oportunidad para expresar mis agradecimientos a los arquitectos Fritz Auer, Giorgio Bottega y Henning Ehrhardt, Peter Cheret, Boris Podrecca y Wolfgang Schwinge por las dilatadas discusiones sobre sus experiencias en el campo de la rehabilitación. Me he permitido exponer muchas de sus sugerencias en el presente artículo.

1   Recopilación actual de diversas reconversiones en: *Powell 1999,*
    Wüstenrot Stiftung 2000, Jester/Schneider 2002.
2   Dosch, 2002: pp. 31.
3   Baumgartner/Biedenkapp, 2001.
4   Kohler, 1999; Sieverts, 2000.
5   Andrä/Schneider 1994: pp. 151.
6   Schlote y otros, 2000.
7   Fachatte/Jaquand, 1997; Lombardini, 1997.
8   Ghiringhelli y otros, 2001.

2.13

Bibliografía:
1   Andrä, H.-P.; Schneider, R.: "Recycling am Bau. Ressourcenminimierung bei Abbruch und Umnutzung" en *Deutsche Bauzeitung 11/1994,* pp. 144–151.
2   Baumgartner, C.; Biedenkapp, A. (ed.): *Landschaften aus Menschenhand. Die touristische Nutzung von (Industrie-)Kulturräumen.* Múnich, 2001.
3   Dosch, F.: "Auf dem Weg zu einer nachhaltigen Flächennutzung" en *Informationen zur Raumentwicklung 1/2002,* pp. 31–45.
4   Fachatte, R.; Jaquand, C.: "Die Umwandlungen in Paris – eine Analyse" en *Bauwelt 31/32/1997,* pp. 1724–1729.
5   Ghiringhelli, C.; Meier, H.-R.; Wohlleben, M.: "Geschichte aufheben. Über das Verändern von Bauten unter dem Aspekt der Sinn-Gewinnung" en *Die alte Stadt 2/2001,* pp. 77–91.
6   Hassler, U.; Kohler, N.; Wang, W. (ed.): *Umbau. Über die Zukunft des Baubestands.* Tubinga/Berlín, 1999.
7   Kohler, N.: "Modelle und Lebenszyklus des Gebäudebestands" en *ebd.,* pp. 24–38.
8   Jester, K.; Schneider, E.: *Weiterbauen. Erhaltung – Umnutzung – Erweiterung – Neubau.* Berlín, 2002.
9   Lombardini, M.: "Wohnen im Bürohaus. Programm und Finanzierung von Bauvorhaben der RVIP" en *Bauwelt 31/32/1997,* pp. 1720–1721.
10 Powell, K.: *Architecture Reborn. The Conversion and Reconstruction of old Buildings.* Londres, 1999.
11 Schlote, A.; Lederer, M.-M.; Lemke, H.-J. (ed.): *Immobilien-Praxis. Spezial. Altimmobilien: Revitalisierung, Umnutzung oder Neubau? Mit Praxisbeispielen.* Berlín, 2000.
12 Wüstenrot Stiftung (ed.): Umnutzungen im Bestand. *Neue Zwecke für alte Gebäude.* Stuttgart/Zúrich, 2000.
13 Sieverts, T.: "Konzepte und Strategien städtebaulicher Revitalisierung und Umnutzung des Gebäudebestands und der brachgefallenen Flächen als Teil einer systematischen Kreislaufwirtschaft" en la misma obra, pp. 98–118.

2.12. Palais de Tokyo, París; sala de arte, exposiciones y celebraciones en una antigua nave ferial de 1937. Reinterpretar en lugar de remodelar: en el Palais de Tokyo se conciben los espacios interiores como espacios exteriores públicos.
2.13 Trabajar y vivir en la lavandería Wollishofen (Angélil/Graham/Pfenninger/Scholl Architecture). La construcción existente como material – el edificio de la antigua lavandería resulta irreconocible tras su remodelación –.

La rehabilitación ecológica frente a las nuevas urbanizaciones

Günther Moewes

La urbanización de suelo rústico es lo contrario de la rehabilitación de una construcción existente, una intervención nada ecológica. Las nuevas urbanizaciones aumentan la ocupación de espacio libre, el volumen de tráfico y la superficie solada. Esta ocupación del espacio libre no sólo implica el impacto en la fauna existente, sino sobre todo la eliminación de los últimos espacios de descanso y ocio para el hombre, así como de los últimos espacios de regeneración para la naturaleza. La construcción de nuevas urbanizaciones consume mayor energía que la rehabilitación de edificios existentes.

La edificación del suelo rústico era la expresión urbanística de una sociedad en crecimiento económico. La rápida expansión urbana resultó como consecuencia de la explosión demográfica, la transformación de una sociedad agrícola rural en una sociedad industrial urbana y las crecientes exigencias de volumen *per capita*. Todos estos factores han dejado ya de ser relevantes en los países industrializados europeos, donde apenas se consigue mantener estable la población gracias a una mayor esperanza de vida y la inmigración. El abandono del campo no conlleva pérdidas migratorias destacadas, mientras que los volúmenes *per capita* rozan ya sus límites debido a los costes de calefacción, limpieza y mantenimiento. Sin embargo, aún llama más la atención que los solares no edificados, los huecos urbanos, las áreas industriales abandonadas y las superficies de conversión dentro de zonas de asentamiento urbano superan ya la superficie edificable necesaria para décadas.

La edificación de terrenos no urbanizados sigue siendo una práctica común hoy día debido a que la economía y la política de los países industrializados pretenden conservar el crecimiento exponencial del siglo pasado, a pesar de la saturación de la demanda y la disminución del índice de población: así, si en una ciudad con 100000 viviendas se construyen anualmente 4000 viviendas más, los economistas más ortodoxos no verán en ello un aumento del 4 % sino un crecimiento cero, considerándolo como indicio de crisis. El crecimiento, muy al contrario, es desarrollo exponencial. Por esta razón, las curvas de crecimiento económico siempre discurren mansamente en las tempranas fases de auge económico, disparándose de forma casi vertical en fases tardías.

Hoy nos hallamos en una de esas fases tardías. Lamentablemente, sólo la curva del capital monetario privado en Alemania, con un crecimiento anual de 7,45 %, parece dispararse, superando ya los cuatro billones de euros. Y con ello la curva de la deuda pública, como reverso de la medalla del mismo balance de saldos. El crecimiento económico concreto se queda atrás debido a la saturación de la demanda. Este abismo, cada vez mayor, marca la situación económica y la actividad constructiva de nuestros días. Los beneficios privados se vierten permanentemente en el paisaje. Desde 1960, la superficie urbanizada ha aumentado cuatro veces más rápido que el índice de población. En Alemania, por ejemplo, se edifican diariamente 130 hectáreas, al mismo ritmo que decrece el aprovechamiento de superficies en los núcleos urbanos. En el tejido urbano de muchas ciudades grandes sigue habiendo enormes solares por edificar, sin ocupación desde la Segunda Guerra Mundial, porque el constante aumento de sus precios hace que su mera acumulación resulte más ventajosa que su edificación. Por esa razón, el porcentaje de superficies sin edificar o de ajardinamiento provisional aumenta cada día.

¿Activo o pasivo?

Los exponenciales beneficios privados aumentan la presión de inversión, mientras la falta de crecimiento económico hace que se dispare el índice de desempleo. La demanda y la producción real sirven cada vez menos como elementos compensadores. Éstas dependerán siempre de su fomento artificial mediante artículos de usar y tirar, el desgaste previsto y la necesaria reparación a todos los niveles – lo que en el caso de la construcción se traduce en el derribo de antiguas edificaciones –.

Alemania se vio enfrentada por primera vez a una sociedad de despilfarro en los años 50. Incrédulos y llenos de escepticismo, oíamos que en los Estados Unidos la gente ya no remendaba los calcetines rotos, sino que los tiraban simplemente a la basura, porque resultaba más económico comprar unos nuevos. Más tarde se escuchaba el argumento de los calcetines en cada discusión de demolición: la construcción de nueva planta resultaba económicamente más ventajosa que una rehabilitación. Aún no podíamos intuir que un día nuestro escepticismo se llamaría conciencia ecológica.

El rechazo de la construcción existente también se encuentra reflejado en la ideología del funcionalismo: la verdadera modernidad sólo era concebible en la pradera verde, al margen de construcciones existentes. Eso solía interpretarse como un brillante punto de partida y espíritu de vanguardia, cuando en realidad no se trataba más que de la consumación de la victoria de una ideología empresarial estrecha de miras sobre la macroeconomía nacional, hasta entonces de consideración global: división del trabajo, segregación, separación de funciones, mero funcionamiento en el trabajo determinado por otros, agrupación de las personas según criterios estric-

3.2

3.3

tamente empresariales, la caja individual aislada, competencia puntual y representación individual descontextualizada. No había lugar para la consideración y una cuidadosa integración en la construcción existente. El Café de Unie (Rotterdam, 1924) de J.J.P. Ouds y el cine Handelsblad-Cineac de Johannes Duiker (Ámsterdam, 1934) son la excepción.

Hace tiempo que deberíamos vivir en una sociedad de conservación. Nadie puede demostrar con argumentos convincentes la necesidad de nuevas construcciones y la ocupación de los últimos paisajes a la luz del imparable descenso de la población pese a la inmigración, ni se hallarán razones suficientes en contra de un aprovechamiento sensato de las construcciones existentes. Cada vez son más los edificios de nueva planta construidos para contrarrestar el desempleo y no, como cabría esperar, para cubrir una demanda real. Desde 1990 se han construido 600000 viviendas sólo en Alemania del Este, aunque ya entonces había 400000 sin ocupar. Hoy día, el número de viviendas desocupadas asciende a los 1,3 millones o, lo que es lo mismo, el 15,8% de las construcciones existentes. Sin embargo, al mismo tiempo, sólo en 2001 se fomentó públicamente la construcción de viviendas de nueva planta con 3,1 mil millones de marcos alemanes (1,6 mil millones de euros), disponiendo únicamente 1,7 mil millones de marcos (870 millones de euros) a la rehabilitación de edificios ya existentes. Del mismo modo, la ayuda para la adquisición de una vivienda propia de nueva planta en Alemania sigue doblando el monto destinado a las viviendas existentes. Sólo en algunas grandes urbes de Alemania occidental existe un déficit de unas 100000 viviendas anuales, incluyendo la necesidad de sustitución, mientras que en ciudades como Kassel y Hannover el estado de desocupación es de un 13 y un 8,2%, respectivamente. Entretanto, en Alemania del Este se desmantelan o derrumban asentamientos enteros.

De igual manera, en 2002 quedaron sin uso 1,7 millones de metros cuadrados de oficinas en Alemania. Según la asociación de minoristas, hay cerca de 40 millones de metros cuadrados de superficie comercial en exceso; de acuerdo con información de la asociación, sólo en 2002 se tuvieron que cerrar unas 15000 empresas. Con 105 millones de metros cuadrados, Alemania tiene 1,6 veces la superficie comercial *per capita* de países como Gran Bretaña.

El colmo de este desarrollo son los centros comerciales a las afueras de las ciudades, si bien es cierto que la gente no compra más por su mera existencia. En caso ideal, el nivel adquisitivo se mantiene constante; el ejercicio de la compra simplemente se desplaza del centro urbano a las afueras. Grandes capitales eliminan así la pequeña y mediana empresa e inducen a los comerciantes autónomos a convertirse en vendedores de bajos ingresos que pasan sus vidas laborales en arquitecturas de descuento con luz artificial y aire acondicionado.

Eso no sólo arruina existencias económicas, sino también el legado constructivo. Los edificios abandonados, que suelen mostrar a menudo una arquitectura mejor y más sólida que las construcciones comerciales de nueva planta dentro y fuera del centro urbano, se hallan cada vez más sujetos al deterioro, hasta que un día el alcalde y la prensa local los tacha de deshonra y nadie se atreve a oponerse a su demolición. Los inversores se mudan después de 15 años y dejan a la ciudad una cara superficie de conversión, que ha de ser saneada con los escasos fondos públicos. Todo esto no se debe a un efecto macroeconómico inevitable, sino a una decisión política falsa y eludible: la dependencia del impuesto de actividad económica industrial obliga a los municipios a ofrecer atractivas superficies en el paisaje a potenciales contribuyentes, "desdensificando" y desvalorizando sistemáticamente las construcciones más céntricas. Un capítulo especialmente oscuro es la rehabilitación en el contexto rural de los pueblos. Aquí, en lugar de convertir las granjas abandonadas en viviendas (Fig. 3.3), éstas se hallan sujetas a la prohibición de cambio de uso, lo que impide cualquier conversión sensata. Los pueblos alemanes se desmoronan poco a poco, sirviendo ya únicamente como telón de fondo para el rodaje de películas históricas y filmes sobre la antigua RDA, al mismo tiempo que prolifera la construcción de casitas unifamiliares de los fugitivos urbanos sobre las verdes praderas que se extienden a lo largo de las carreteras de salida de las ciudades. El suelo rústico se recalifica entonces como terreno urbanizable, reportando unos beneficios considerables. Por doquier se sigue el mismo modelo: la inversión de capital privado en asequibles terrenos a las afueras de la urbe y el consiguiente desmantelamiento de los valiosos inmuebles existentes.

No se ahorra energía en las afueras
La rehabilitación de construcciones existentes y la renovación urbana ecológica, sin embargo, podrían crear puestos y asegurar el trabajo a la industria constructora durante al menos otros diez años. Ya sólo la rehabilitación energética de edificios en Alemania requiere, según estimaciones del Instituto de Economía Alemán, 340 mil millones de euros. Distribuidos en diez años, serían 34 mil millones de euros anuales. En 2001 se invirtieron 1,59 mil millones de euros en la promoción de la construcción de viviendas de nueva planta y 0,87 mil millones en la rehabilitación de edificios. Como ya se ha expuesto, se trataba en gran medida de subvenciones para edificios desocupados. A esto hay que añadir la subvención de primera vivienda en edificios existentes o de nueva planta. Si se concentraran estos fondos de inversión para la rehabilitación energética de edificios existentes, se podrían movilizar cómodamente cada año los 31 mil millones necesarios de capital privado. Estos 340 mil millones de euros permitirían obtener un ahorro energético gradual de hasta el 75 % en los edificios, lo que supone casi el 24 % de la demanda de energía primaria.
El ahorro energético implica, por tanto, la rehabilitación de edificios existentes. Ciertamente, sólo cabe destacar tres intervenciones constructivas que realmente permiten un ahorro energético, es decir, aquellas que reducen el consumo energético del objeto en cuestión, a saber: la rehabilitación, la construcción de un edificio más ecológico en su lugar y la edificación de un solar urbano vacío. Se trata en todos los casos de intervenciones en construcciones ya existentes.
Según una fórmula empírica, un solar libre hace que se pierda la demanda energética de tantas viviendas como plantas tiene el edificio. La vivienda en planta junto a un solar vacío tiene, frente a viviendas en solares entre medianeras, una

3.4

3.1   Edificio de viviendas y comercio en un solar de sólo 2,56 m de ancho, Colonia (Brandlhuber & Kniess, 1997).
3.2   Asentamiento de casas unifamiliares en Klipphausen, cerca de Dresde.
3.3   Conversión de un antiguo establo en una casa bifamiliar en Bergün, Suiza (Daniele Marques & Bruno Zurkirchen, Lucerna; 1997).
3.4   "Parasito" sobre el almacén Las Palmas, Rotterdam (Korteknie & Stuhlmacher, 2001), p. 108.

superficie de pérdida adicional que deja escapar una enorme cantidad de energía, comparable con la pérdida en las fachadas frontal o trasera, lo que supone cerca de un 50 % del consumo de una vivienda de un solar edificado. En un solar destinado a una construcción de cuatro plantas, eso supone el 50 % de las dos viviendas por planta, esto es, el 50 % de ocho viviendas en el edificio o el 100 % de cuatro viviendas. La cantidad y la importancia de solares por edificar suelen ser generalmente desestimadas. En los antiguos barrios decimonónicos con edificaciones en borde de manzana, se dan a menudo 70 huecos por km², lo que significa que en estas zonas de generalmente cuatro plantas se desperdician las necesidades caloríficas de 280 viviendas. En el caso de medianeras no aisladas, estas pérdidas se corresponden con 280 viviendas sin aislar o, si las medianeras cuentan con aislamiento térmico, las pérdidas son de 280 viviendas aisladas. Pero eso no termina aquí. Las viviendas del edificio de nueva planta con el que se cierra el solar muestran un consumo energético sustancialmente inferior al de viviendas de semejantes características en solares sin medianera. Los solares huecos no son únicamente terrenos sin edificar, ya que no tienen que llegar necesariamente a la cota del terreno. Por ejemplo, un supermercado de una planta entre dos edificios vecinos de cinco plantas no sólo lleva a la pérdida de las necesidades caloríficas, sino también a la pérdida del suelo edificable para las cuatro plantas superiores del edificio, que luego se construirán en las afueras de las ciudades. En ocasiones, la edificación de solares puede ser incluso evitada de forma intencionada, a fin de unir superficies verdes, comunicar patios vacíos o porque los vanos de las ventanas, practicados ilícitamente en tiempos de posguerra, han establecido nuevas consideraciones legales. Sin embargo se olvida que las superficies verdes y los patios igualmente podrían ser comunicados si se cerrara el solar y sólo se dejara un acceso en la planta baja, como era práctica común en los años veinte.

Tras el correcto aislamiento, la ocupación de solares no edificados promete el segundo potencial de ahorro más importante en la rehabilitación de edificios. Éste no sólo permite el ahorro energético, sino que también limita la ocupación del paisaje, sin reducirse a las construcciones históricas en borde de manzana. Un campo de aplicación a menudo infravalorado es la arquitectura moderna de posguerra, generalmente a la espera de una rehabilitación. Hay pocos ejemplos que reúnan de manera tan concluyente los distintos aspectos de la rehabilitación (social, estético y energético), ya que la arquitectura moderna alcanzó el máximo de producción de superficies de pérdida energética. Muchos edificios de esta época son auténticos monumentos de construcción energéticamente ineficiente. Justamente cuando el problema de la energía se agravaba drásticamente, debido al constante crecimiento del consumo de combustibles fósiles, se disparó el derroche energético en la arquitectura hasta alcanzar dimensiones insospechadas. En ese momento surgió el principio urbanístico de la construcción aislada: el bloque aislado o lineal, la casa aterrazada y, sobre todo, la infinita repetición de casas unifamiliares aisladas. Mientras que en la construcción en borde de manzana sólo había dos caras exteriores, ahora había cuatro.

Pero aún más importante fue la separación de funciones: las aglomeraciones de edificios multifuncionales desaparecieron en pro de un edificio propio y aislado para cada función. Así,

3.5

tiendas, supermercados, guarderías, concesionarios automovilísticos y espacios comerciales, que se hubieran podido albergar sin problemas en las plantas bajas de edificios de altura, se extendían ahora en el paisaje en construcciones libres de una planta. Los forjados energéticamente neutros de las construcciones de varias plantas se convierten así en enormes cubiertas planas sin uso, que favorecen el derroche energético. Si se consideraran y edificaran estas superficies como potenciales solares, no sólo se ahorraría suelo sino también energía. El empleo de las cubiertas de polígonos industriales para la construcción de viviendas podría conllevar además gran cantidad de efectos sinérgicos: la disposición de grandes terrazas al aire libre en lugar de minúsculos balcones suspendidos, el empleo doble de las plazas de aparcamiento, la reducción de los costes de urbanización, etc. No obstante, sólo se juega con esta idea en los proyectos universitarios: apenas se han llevado a cabo ejemplos de este tipo y su potencial de rehabilitación sigue siendo infravalorado (Fig. 3.4, 3.6).

La rehabilitación de grandes asentamientos urbanos y edificios de viviendas en altura presenta, por el contrario, un panorama mucho más prometedor. Ya en 1986, trabajé con estudiantes en propuestas para una rehabilitación ejemplar, desde el punto de vista energético. El asentamiento de Dortmund-Scharnhorst nos sirvió de referencia para nuestros propósitos, con edificios prefabricados de cuatro plantas con paneles de hormigón lavado – una aberración urbanística de los años 60, como se decía en la prensa de entonces –. Los estudiantes proyectaron la edificación de todos los solares, completando la construcción en borde de manzana. De esta forma, advirtieron que la mayoría de estos grandes asentamientos no son más que incompletas edificaciones en borde de manzana, en las que hasta los años 90 se disponían superfluos huecos, obedeciendo a una necesidad moderna de apertura. Entretanto hay numerosos ejemplos logrados de rehabilitaciones de este tipo de asentamientos o complejos administrativos. Los programas de intervenciones por realizar suelen ser muy similares; estos ya jugaban un papel importante en el trabajo de los estudiantes en 1986: la edificación de huecos o esquinas abiertas, la adición de plantas livianas adicionales retranqueadas, la colocación de balcones, invernaderos o superficies acristaladas delante de la fachada (Fig. 3.5, p. 120, p. 124).

El cierre de huecos urbanos y la construcción sobre cubierta son medidas de rehabilitación que se sirven de nuevas construcciones, pero también existe la pura rehabilitación energética de edificios ya existentes. He aquí algunas medidas según su potencial de ahorro:
- Aislamiento (paredes exteriores, ventanas, cubiertas),
- Preparación de agua caliente sanitaria a través de colectores,
- Cubierta acristalada de patios,
- Aprovechamiento pasivo de la energía solar,
- Generación de corriente eléctrica mediante sistema fotovoltaico.

El aislamiento de edificios antiguos aún es un tema problemático: siendo oportuna su disposición exterior por motivos higrotérmicos, éste rompe con el carácter y la estética de fachadas históricas, especialmente en edificios decimonónicos, viviendas de clase obrera y fachadas de ladrillo visto. Se trata de un problema que no puede ser resuelto mediante el desarrollo de nuevos materiales. Otro problema a destacar, comúnmente ignorado en los manuales, es que el aislamiento ofrece condiciones de vida extraordinarias para todo tipo de

3.6

roedores. Ratas y ratones llegan hasta las plantas superiores y las buhardillas de los edificios, sin encontrar ya más obstáculos en su camino, lo que lleva al empleo por toneladas de venenos no degradables. Especialmente en edificios antiguos, no es posible un cerramiento totalmente hermético. Dadas las dimensiones apropiadas, la cubierta acristalada del patio permite evitar pérdidas por transmisión equiparables a un 20 % de los costes de calefacción. Ésta es una alternativa generalmente poco valorada. Igualmente se podría optar por cubiertas practicables en verano. También la protección térmica temporal es otro aspecto que requeriría una mayor apreciación: los postigos plegables y correderos con alto aislamiento térmico pueden ser cerrados en la oscuridad, es decir, el 50 % del tiempo en los meses de invierno.

En consecuencia, más que ser concebida únicamente como un problema de integración estética, la rehabilitación ha de ser considerada como un componente de la ambiciosa renovación ecológica de una ciudad, que no sólo debe buscar el ahorro defensivo de las necesidades caloríficas, sino también apostar por la producción ofensiva de energía solar, sobre todo en lo que respecta a la corriente fotovoltaica y la preparación de agua caliente sanitaria. ¿Por qué generar corriente fotovoltaica, con costosos sistemas de soporte en el campo, mientras la superficie envolvente de nuestros edificios urbanos queda sin uso? Toda cubierta y fachada sur debería ser considerada como superficie solar gratuita; no como una mera superficie portante sobre la que luego se apliquen paneles, sino como una piel solar constructiva y estéticamente integrada o un acristalamiento solar pasivo. De esta forma, la rehabilitación disfrutaría de un carácter nuevo y valorado de alta tecnología. Las construcciones existentes apenas se distinguirían de las recién insertadas. Los tristes asentamientos de hormigón lavado se convertirían en modernos barrios de alta tecnología. Eso daría lugar a la auténtica ciudad solar del futuro, que no surge del suelo rústico sino de la construcción existente.

Observación:
1   Durante la redacción de este artículo, el Parlamento Alemán discutía la idea de una nueva regulación de la vivienda propia y ecológica, así como una mayor promoción de las construcciones existentes.

3.5   Rehabilitación de un asentamiento de casas de paneles prefabricados en Leinefelde/Turingia (Meyer-Scupin & Petzet, Múnich; 2000). Cierre de una esquina abierta.
3.6   Conversión de una fábrica de jabón, Zúrich (Kaufmann, van der Meer & Partner, 1997). Uso mixto de comercio, talleres y viviendas.

La conservación de edificios del Movimiento Moderno

Berthold Burkhardt

En los últimos años se ha llevado a cabo la rehabilitación de toda una serie de importantes edificios del Movimiento Moderno, como son los edificios de los dos directores de la Bauhaus en Dessau, Walter Gropius y Hannes Meyer, la Torre Einstein de Erich Mendelsohn en Potsdam, la Casa Lange de Mies van der Rohe en Krefeld o la Casa Schminke de Hans Scharoun en Löbau/Sajonia, así como varias Siedlungen (colonias) en Berlín y Magdeburgo de Bruno Taut. Cabe añadir a éstas otras tantas construcciones en países europeos vecinos, como la Casa Sonneveld de Brinkman y Van der Vlugt en Rotterdam. La rehabilitación de dichas construcciones ha servido como base de discusión acerca de las intenciones y la influencia de la arquitectura del Movimiento Moderno, y de los métodos de actuación para su saneamiento. Posturas de conservación histórica divergentes y hasta distintas tecnologías de rehabilitación determinan la práctica actual de conservación en las construcciones del Movimiento Moderno. El dudoso regreso a la supuesta construcción original, frecuentemente desconocida en su integridad, y la conservación y presentación de un edificio con huellas legibles de un pasado histórico suelen resultar irreconciliables. La rehabilitación de edificios del Movimiento Moderno con la ayuda de las últimas tecnologías no sólo pone en tela de juicio la importancia de la historia de la técnica constructiva, sino que también cuestiona hasta qué punto es aceptable una intervención para un edificio de estas características.

Los arquitectos del Movimiento Moderno se mostraban abiertos a cualquier tipo de experimento formal o constructivo; aunque reduciendo esta arquitectura a una mera construcción experimental, estaríamos llegando demasiado lejos. Ni Otto Haesler en Celle, Bruno Taut en Magdeburgo y Berlín con sus modernas colonias residenciales, ni tampoco Hans Scharoun en su Casa Schminke de Löbau tuvieron en ningún momento la intención de erigir "obras con fecha de caducidad". Después de todo, los edificios aún existentes tienen una vida útil superior a los setenta años, que no se debe tanto a su declaración como monumento histórico, sino más bien a la capacidad de uso y conservación que han demostrado estas construcciones.

Con las medidas de rehabilitación, restauración y, parcialmente también, de remodelación tomadas en los edificios del Movimiento Moderno, la conservación de monumentos históricos se ha adentrado en un nuevo campo tecnológico. El empleo de productos industriales, los procesos de fabricación y montaje maquinal y manual, así como los estados higrotérmicos y de acondicionamiento climático, hasta ahora apenas explorados, plantean nuevos desafíos a la práctica de la conservación de edificios existentes.

Los conocimientos sobre los principios históricos de climatización y las reacciones químicas de los materiales constructivos utilizados, pero también sobre los parámetros de uso en el pasado constituyen una importante base para la conservación de monumentos históricos. Estos serán igualmente importantes en los edificios no declarados bienes de interés cultural, que por razones de uso o deterioro precisen de una rehabilitación o modernización. A través del estudio de factores históricos, técnicos y funcionales, y su interrelación, así como de los conocimientos obtenidos y aplicados de manera ejemplar a construcciones concretas, la conservación de monumentos históricos puede contribuir de manera significativa a la conservación de obras arquitectónicas en general.

La arquitectura del Movimiento Moderno en Alemania en los tiempos de la República de Weimar coincidió con un momento agitado de adelantos técnicos e industriales. Los desarrollos constructivos y técnicos de la época – materiales y piezas de producción industrial, nuevos portadores de energía como la electricidad y el gas, así como nuevos dispositivos de suministro y evacuación para la calefacción y el agua – marcaron en pocas décadas la imagen de ciudades y casas, mucho más que las corrientes o los estilos arquitectónicos cambiantes. Los arquitectos del Movimiento Moderno mostraron una especial actitud de apertura frente a productos y procedimientos nuevos que prometían servir de apoyo a sus ideas reformistas. En la práctica constructiva, sin embargo, una y otra vez resultaban evidentes los problemas ineludibles de una precipitada fase de desarrollo, que se manifestaba en las patologías y lesiones de algunas construcciones. Uno de los arquitectos que participó en el levantamiento de la colonia Weißenhof en Stuttgart, el antiguo arquitecto municipal de Rotterdam, Jacobus Johannes Pieter Oud, se mostraba crítico al respecto: "Es erróneo afirmar de manera generalizada que la técnica esté muy avanzada; ciertamente lo está en el caso de productos menores, mientras que en la construcción parece haberse quedado completamente anquilosada, resultando insuficiente para llevar a cabo aquello que nos hemos propuesto."[1]

Los nuevos sistemas de construcción, sin embargo, permitían la realización técnica del lenguaje arquitectónico de geometrías cúbicas de Gropius y Mies van der Rohe o de libres formas orgánicas, como las concebidas por Sharoun o Mendelsohn. Forjados de hormigón armado y vigas de hierro permitieron, por primera vez en la historia de la arquitectura, levantar edificios de planos verticales independientes con forjados de amplias luces y cubiertas en voladizo. Mies van der Rohe diseñó el emblemático Pabellón Alemán para la Exposición Universal de Barcelona 1929 con cubiertas planas y planos flotantes, mientras que Hans Scharoun escribía en 1927 acerca de su casa en la colonia Weißenhof: "la Casa 33 es muestra del gusto por el juego con nuevos materiales y nuevas exigencias espaciales."[2]

El empleo de materiales nuevos u optimizados, como el hormigón, el hierro, el vidrio, el plástico o incluso de las combinaciones de materiales, no sólo permitió nuevas formas arquitectónicas, sino que llevó inevitablemente a alteraciones e incluso a la completa reconcepción de la práctica proyectista y de ejecución en el campo de la construcción. Los gremios profesionales perdieron sus especialistas a tenor del surgimiento de nuevas profesiones artesanales, precisas para el equipamiento técnico de los edificios (instalación de calefacción, aparatos sanitarios y corriente eléctrica). De esta manera, carpinteros comenzaron a trabajar como encofradores en las construcciones de hormigón armado y estructuras de hierro. El cambio estructural y la creciente actividad constructiva en municipios y cooperativas, así como en el sector de la industria y el comercio, propició la aparición de empresas constructoras suprarregionales e internacionales junto a los tradicionales talleres de construcción.

En contraposición, Gropius proclamaba la artesanía como base de la industrialización y la prefabricación, en pro de una reforma en la que el trabajo artesanal y la industria confluyeran para desarrollarse conjuntamente: "Radica en la esencia del pensamiento humano la idea de perfeccionar y optimizar su herramienta de trabajo, por cuanto le permite mecanizar el proceso de trabajo material y facilitar el trabajo intelectual a largo plazo. La mano de obra y la industria de hoy se conciben cada vez más próximas y deben fundirse hasta formar una nueva unidad de producción, que proporcione a cada individuo el sentido de participación en el todo e incentive la consiguiente voluntad espontánea de contribución. En dicha unidad, la artesanía del futuro constituirá el campo de experimentación para la producción industrial y su trabajo experimental especulativo dará lugar a normas para la ejecución práctica, la producción en la industria."[3]

El papel anticipatorio que Gropius había conferido al artesanado fue desempeñado mayoritariamente por la industria y los ingenieros, que encontraban sus colaboradores y campos de experimentación en arquitectos innovadores, así como propietarios y autoridades abiertos. La optimización del proceso de construcción tuvo éxito gracias a la (pre)fabricación racional de productos intermedios, así como al empleo de maquinarias de construcción y procesos de montaje. Desde grúas y cintas transportadoras hasta máquinas revocadoras determinaron cada vez más la imagen de las obras. Del mismo modo que evolucionaron las tareas y los procesos constructivos en la primera mitad del siglo XX, también se desarrollaron la formación y el perfil profesional de arquitectos e ingenieros. La especialización de las tareas aumentó de manera importante. A finales de los años 20 ya era normal que los ingenieros de construcción participaran no sólo en las obras civiles, sino también en la construcción de edificios, resultando imprescindible su colaboración con los arquitectos durante el proyecto: estructuras optimizadas, tanto en material como en sistema, con grandes luces y alturas considerables, sólo eran factibles gracias a certificados y cálculos de estructuras comprobables, incluyendo los de ele-

4.2

4.3

mentos constructivos de unión. Junto a las áreas de diseño, producción y ejecución, se constituyó y estructuró un nuevo campo de actuación en la construcción, con autoridades constructivas que disponían de leyes y normativas especiales para la certificación estatal y supervisión de obras.

Los procesos de producción y montaje ya no se hallaban sujetos a ningún estilo arquitectónico. Con un entramado de hierro podía ser construido tanto un centro comercial de estilo neoclásico como los grandes almacenes de Erich Mendelsohn en Breslau o Stuttgart. Sin embargo, con razón puede definirse la arquitectura del Movimiento Moderno como la aplicación más consecuente de la industrialización, que hasta el día de hoy no ha alcanzado su fin. Otra vez son los desarrollos en instalaciones técnicas de edificios, y especialmente de la técnica energética, los que quizá tengan una influencia equiparable en las casas del futuro como hace ochenta años. La casa adaptable, flexible, ecológica y adecuada al clima existente es una realidad gracias a la innovación, la artesanía y la industrialización. Por el contrario, no se ha cumplido el pronóstico de muchos arquitectos del Movimiento Moderno, que creían posible la construcción en serie de casas enteras – semejante a la del sector automovilístico –, como si se tratase de productos industriales de una cadena de producción; algo que sigue siendo una utopía pese a los numerosos esfuerzos realizados en este sentido.

Rehabilitación y conservación

Los edificios del Movimiento Moderno declarados monumentos históricos, ejecutados en su época con novedosos conceptos, materiales y piezas de fabricación industrial, ponen a arquitectos, ingenieros, conservadores, restauradores y artesanos ante tareas de conservación extremadamente complejas y difíciles.

Al contemplar un edificio, fundamentalmente percibimos los acabados que marcan los volúmenes, las superficies y los espacios. Elementos como paredes, pilares, forjados, techos, ventanas, puertas, aparatos técnicos, instalaciones o equipamientos interiores son producidos con materiales que, además de ser seleccionados por su diseño arquitectónico y funcional, se hallan determinados por las propiedades de los componentes y los procedimientos de fabricación, ej. perfiles delgados en ventanas de hierro. Las construcciones pueden mostrar el material del que se constituyen como superficie – ej. el ladrillo de un aparejo visto – u ocultarlo detrás de revocos, pinturas o placas de distinta materialidad. En la fase

temprana del Movimiento Moderno no siempre se lograba realizar el edificio guardando la adecuada materialidad, como se pone de manifiesto en la Torre Einstein de Erich Mendelsohn, cuyas escultóricas formas curvadas constan de una convencional construcción mixta revocada de obra de fábrica y hormigón armado (Fig. 4.2). Para determinar hoy la composición de una pieza constructiva o estructura, así como las interrelaciones mecánicas e higrotérmicas, incluso los especialistas se encuentran supeditados a los estudios constructivos, la historia de la arquitectura y la construcción y, por ende, a los resultados obtenidos en las pruebas de detalles en edificios y laboratorios; sobre todo cuando se trata de la abundancia de materiales constructivos y sistemas disponibles en una enorme multiplicidad de formas desde mediados del siglo XIX y que se perdieron o continuaron desarrollándose en corto tiempo.

Por otra parte, el diagnóstico y clasificación de las distintas patologías, teniendo en consideración anteriores reparaciones, es otro elemento importante del programa de rehabilitación. En este contexto, son imprescindibles los análisis diferenciados de las causas de tales patologías, que según el caso podrán obedecer a los siguientes factores:

- Envejecimiento, fatiga y desgaste del material,
- Escasez o ausencia de mantenimiento y cuidado,
- Reparaciones y saneamientos inadecuados,
- Comportamiento de los usuarios desde el punto de vista higrotérmico,
- Estado de la técnica y legislación del momento,
- Errores de diseño o fallos de fabricación.

El programa de rehabilitación comienza consecuentemente con el estudio intensivo de lo existente, de lo que ha sufrido modificación y también de lo perdido. Pese a una actuación sensible, nunca se puede excluir la aparición de nuevas y viejas lesiones tras la reparación: las paredes de sótano en edificios parcialmente soterrados no permiten un aislamiento posterior conforme a las reglas de la técnica, los pavimentos magnesianos agrietados o los perfiles de hierro oxidados – empotrados en fábrica o embebidos en hormigón – no podrán ser saneados completamente y de manera duradera; el edificio siempre será un "enfermo crónico". La amplia conservación de la construcción original debería disfrutar de preferencia frente a una renovación total, si bien propietarios, especialistas en construcción y autoridades competentes en materia de protección de monumentos históricos han de encontrar en cada caso una solución conjunta. Después de cincuenta u ochenta años, resulta inevitable el desgaste irreparable de numerosas piezas constructivas y de equipamiento. En las construcciones de tipo tradicional con madera y piedra, siempre se podrá reparar o renovar cada pieza con material y método adecuados. Por el contrario, las piezas tipificadas, como los perfiles de ventana y herrajes, sistemas de forjado, elementos de vidrio, así como equipamientos técnicos, como radiadores o pavimentos, no suelen permitir una simple sustitución: o bien no son comercializados o bien no se corresponden ya con los estándares y normas vigentes; en otras ocasiones las empresas fabricantes han dejado de existir, los productos han sido desarrollados o se han retirado en algún momento del mercado por razones técnicas o formales. Especialmente en el caso de las instalaciones técnicas,

4.1   Edificio Bauhaus en Dessau (Walter Gropius, 1926).
4.2   Torre Einstein (Erich Mendelsohn, 1921).
4.3   Arbeitsamt en Dessau (Walter Gropius, 1929).

4.4

como los conductos de agua, las instalaciones eléctricas, los sistemas de calefacción central de agua – que en los años 20 representaban la última novedad – apenas ya es posible su reparación o conservación. No existe ningún tipo instalaciones para medios de información. Eso pone a los arquitectos ante problemas de difícil solución en el mantenimiento de edificios con acabados de gran valor. Dada la demanda, pequeñas empresas artesanales se han hecho con un hueco en el mercado y vuelven a fabricar estos productos en series limitadas; algo prácticamente imposible en el caso de artículos como vidrios armados u ornamentales, perfiles de ventana de hierro o linóleo en determinados colores, que sólo pueden ser producidos en grandes series debido al alcance necesario de maquinaria. En estos casos, se ha de recurrir a nuevos productos que cumplan en la medida de lo posible las expectativas técnicas y formales. Algunos "clásicos" de los años 20 y 30 siguen estando o vuelven a estar en el mercado. Entre ellos se encuentran los picaportes de Gropius, las lámparas Wagenfeld o un tipo especial de linóleo monocromo marrón. Revocos y pinturas, por otra parte, siguen siendo comercializados en su forma original o mezclados posteriormente para conseguir el producto deseado.

La Arbeitsamt (oficina de empleo) construida en 1929 por Walter Gropius en Dessau como caso ejemplar

La Arbeitsamt en Dessau, para cuyo proyecto el consejero de urbanismo berlinés Martin Wagner realizó una descripción funcional en 1925, introducía una tipología completamente nueva de edificio. El estudio de Gropius recibió el encargo para el proyecto tras ganar un concurso. El edificio consta de una construcción circular abierta al público, un ala de doble planta destinada a la administración y una caja de escaleras que representa el punto visual central del volumen (Fig. 4.3). Entre 2000 y 2003 se llevó a cabo la restauración completa del edificio por encargo de la ciudad de Dessau.

Estructura y envolvente
Si bien el hormigón y el hormigón armado se habían establecido ya en los años 20 del siglo XX como materiales de construcción probados, apenas los encontramos como estructura primaria en las construcciones del Movimiento Moderno en Alemania, exceptuando quizá las cimentaciones, los muros de sótanos, además de algunas cubiertas en voladizo o tramos de escalera. Ejemplos conocidos de construcciones de hormigón armado del Movimiento Moderno son los edificios de la Bauhaus que fueron terminados en 1926 bajo la dirección de Gropius o la nave de producción de la fábrica de sombreros en Luckenwalde, construida por Erich Mendelsohn en 1922, que se destaca por sus afiligranados pórticos de hormigón armado. Con frecuencia se olvida que fueron ingenieros, como Finsterwalder o Maillart, y empresas constructoras, como Dyckerhoff & Widmann o Züblin, quienes hicieron posible el desarrollo y la realización de las más modernas construcciones de hierro y hormigón armado.
En el caso de la Arbeitsamt diseñada por Gropius, la estructura portante primaria consta de perfiles de hierro parcialmente curvados, formando un entramado de hierro que fue calculado y ejecutado por la fábrica constructora de vagones de Dessau. De esta manera, se introdujo una forma de construcción rápida y económica. Las construcciones de entramado de hierro precisan un relleno de fábrica o revestimiento de los paramentos y pilares exteriores e interiores. En este

4.5

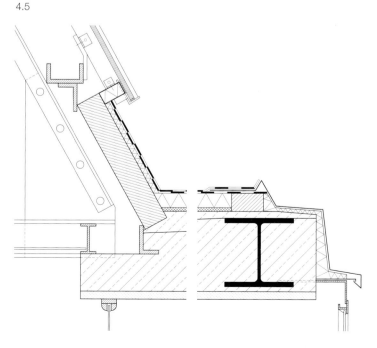

caso, Gropius optó por una obra de fábrica vista de ladrillo amarillo, como ya lo había hecho para su primera obra moderna, la fábrica Fagus en Alfeld an der Leine (1911–1914). Sin embargo, al emplear este tipo de construcción adecuada y eficiente, formada por un entramado de acero empotrado, existe el peligro de corrosión oculta por filtración de agua de lluvia en caso de un mantenimiento insuficiente o el efecto de humedad en los pilares de hierro a consecuencia de alteraciones higrotérmicas. Estudios realizados en la obra de fábrica de la Arbeitsamt mostraron que los pilares portantes de hierro, originalmente pintados con minio de plomo, habían sufrido una importante corrosión debido a las juntas de mortero abiertas que dejaban pasar el agua y a zonas no estancas de la cubierta. Sin embargo, no se detectaba humedad proveniente del interior, habitual en construcciones posteriores de espacios sanitarios o ventanas demasiado estancas. El total descubrimiento de los perfiles y la pérdida de construcción original pudieron ser evitados.

Numerosos sistemas de forjados masivos de construcciones muy diversas – desde hormigón *in situ* hasta elementos prefabricados de piedra y ladrillo en combinación con perfiles de hierro y armaduras – inundaron el mercado desde finales del siglo XIX. Los forjados del sistema Kleine, existentes desde el año 1892 y empleados en la construcción de la Arbeitsamt de Dessau, consistían de viguetas de acero y bovedillas de cerámica ligera, y se convirtieron en líder de mercado durante largo tiempo. Junto a las ventajas estructurales y económicas, este tipo de construcción de forjados permitió lograr una mejora de la protección contra incendios. Dada la forma parcialmente redonda y parcialmente cúbica del volumen, no parecía existir alternativa posible a la cubierta plana. De esta manera, logró escapar al destino del que no pudieron librarse las Meisterhäuser (casas de los maestros) diseñadas por Gropius en Dessau, "germanizadas" en el Tercer Reich con las obligatorias cubiertas a dos aguas.

Sobre la cubierta plana del volumen circular con sistema interno de evacuación de agua, tres dientes de sierra semicirculares consecutivos con estructura de celosía de hierro proporcionan la iluminación necesaria, facilitando además la ventilación del espacio interior. En el transcurso de la rehabilitación, se sispuse una construcción de cubierta plana completamente nueva, empleando vidrio celular como aislamiento térmico (Fig. 4.5). En los lados exteriores de la cubierta plana se aplicó una capa de aislamiento menor, a fin de poder conservar los detalles históricos de los tapajuntas metálicos en el borde de la cubierta en sus dimensiones originales.[4] Tampoco se cambió el acristalamiento de los dientes de sierra, compuesto por lunas de vidrio armado simple, aunque se introdujo un acristalamiento aislante en la cara interior del techo luminoso.

Acabados
En el momento de la construcción de la Arbeitsamt de Dessau, ya se producían industrialmente revocos, pinturas y papel de pared, así como pavimentos de terrazo, mortero o pavimentos magnesianos, cuyo trabajo y colocación manuales tenían lugar *in situ;* asimismo era común el empleo de maquinaria. Entre los productos que mejor caracterizan la construcción de la oficina de empleo se encuentran las ventanas con perfiles y herrajes tipificados, así como los pavimentos magnesianos o de terrazo, que reemplazaban la tarima de madera en los espacios interiores. Dado que no todos los acabados pudieron ser determinados por parte de los restauradores a

partir de muestras existentes, sólo se han podido devolver a su estado original los espacios que contaban con suficiente documentación. Los hallazgos originales podrán ser asegurados y conservados para la posteridad mediante empapelados de maculatura reversible o pinturas.

El objetivo elemental de la Neues Bauen de hacer llegar abundante luz y sol al interior del edificio, de manera que éste reaccione flexiblemente al calor o al frío, dio lugar a una tecnología de ventanas radicalmente nueva. Los arquitectos se sirvieron para ello de una amplia gama de vidrios, desde el acristalamiento transparente simple hasta los vidrios ornamentales lijados o grabados al ácido, desde los vidrios armados hasta el pavés o pavés embebido en hormigón, que permitía el paso de la luz a través de los forjados masivos. En el cuerpo circular se encuentra un techo luminoso de vidrio prismático, muy extendido en los años 20, que volvió a ser especialmente fabricado con este objeto. Gracias a la difusión de la luz se obtiene una iluminación homogénea del interior. Si bien este tipo de vidrios prismáticos ya no se comercializan desde hace tiempo, tras realizar algunas indagaciones se pudieron localizar casualmente productores de este tipo de lunas en España. Más de 1500 lunas, combinadas para formar vidrio aislante, reposan sin fijación sobre una retícula de hierro parcialmente reforzada compuesta por perfiles en T y en L (Fig. 4.6). El empleo de vidrio colado prismático en lunas de vidrio aislante compuesto y su uso en acristalamiento de cubiertas requiere una autorización especial.

Higrotérmica y acondicionamiento
Las grandes superficies acristaladas y las ventanas con acristalamiento simple suelen dar pie al estudio higrotérmico y comportamiento climático de un edificio. Como en la construcción y en los acabados, también aquí son imprescindibles un estudio y valoración del edificio existente en el curso del proyecto preliminar para la determinación de las subsiguientes reparaciones. En el caso de Dessau, como sucede en la mayor parte de los edificios del Movimiento Moderno, la protección térmica existente no llega a cumplir las exigencias mínimas actuales, si bien el concepto climático resulta congruente para la época. En el caso de modificaciones y mejoras de la protección térmica – en la medida en que éstas sean compatibles con la protección de monumentos históricos – será necesario adaptar los sistemas de calefacción y ventilación, los dispositivos sanitarios y el uso futuro a la protección térmica existente. La inversión de puntos débiles, p. ej. mediante el cambio de acristalamientos simples y ventanas con acristalamientos no estancos por acristalamientos aislantes, sin otras medidas adicionales, lleva generalmente a la alteración del concepto climático original. Eso puede tener por efecto daños importantes en el edificio. Las claraboyas y ventanas de gran formato de la Arbeitsamt consisten de marcos de acero sin rotura de puente térmico con hojas practicables de ventilación y canaletas para la evacuación de agua de condensación. Si bien se han dejado los acristalamientos simples originales, se ha dispuesto un segundo acristalamiento posterior para mejorar la protección térmica a modo de ventana de doble hoja, en aras de mejorar el confort y reducir los costes de funcionamiento. Lo mismo cabe decir de las ventanas de madera introducidas en la cara ex-

4.4 Rehabilitación del edificio de la Arbeitsamt en Dessau: trabajos en la cubierta en dientes de sierra.
4.5 Borde de cubierta y unión con el acristalamiento de dientes de sierra.

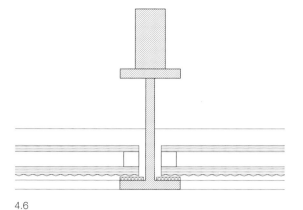

4.6

terior del edificio circular en 1936. El valor concedido a un sistema de ventilación y climatización funcional queda patente en la red de ventilación con tubos, canales y pilares huecos, que facilitan la ventilación natural del edificio a través de un ventilador de la empresa Junkers y compuertas de ventilación de accionamiento mecánico. Esta red volvió a ser puesta en funcionamiento tras la rehabilitación.

Equipamiento
Mucho más que hoy, los arquitectos del Movimiento Moderno concebían y proyectaban los edificios y su equipamiento como un todo. Estos diseñaban el mobiliario interior con muebles e iluminación para las nuevas formas de espacio y uso. El ejemplo del armario pone claramente de manifiesto la relación entre espacio, funcionalidad y diseño: los arquitectos aprovechaban toda oportunidad para incorporar armarios como paredes de separación y elementos separadores de espacio, o empotrarlos bajo escaleras; el tradicional armario de libre disposición quedó obsoleto, integrándose éste en el edificio. Los logros técnicos de la industrialización, como el suministro central de calor, agua fría y agua caliente sanitaria, alumbrado, el empleo de aparatos eléctricos, y el uso de una cocina de equipamiento funcional y técnico se convirtieron en elementos imprescindibles del edificio moderno.
Una y otra vez se experimentaba con luz natural y artificial, alternando entre la iluminación uniforme de un espacio y su efecto zonificador. Junto a las empresas fabricantes, arquitectos, diseñadores e ingenieros, y hasta un departamento especial de la Bauhaus de Dessau se dedicaron al desarrollo de nuevos sistemas de iluminación. Si bien tenían aspecto industrial, la mayoría de los cuerpos luminosos y luminarias eran producidos de manera artesanal, aunque con el empleo de piezas prefabricadas como tubos de metal o vidrios. La zona de distribución de la Arbeitsamt de Dessau contaba y cuenta hoy con lámparas esféricas tipificadas. Dada la falta de intensidad luminosa, fue necesario recurrir a la disposición adicional de modernos reflectores sobre el techo luminoso. Los espacios de trabajo han sido completamente equipados con lámparas fluorescentes de forma alargada. Activando la conexión correspondiente, los visitantes podrán ser testigos de la escasa luz con la que se trabajaba hace setenta años.

Construcciones en peligro y construcciones perdidas
El edificio de la Arbeitsamt de Walter Gropius en Dessau fue condenado al derribo en 1933 por el régimen nacionalsocialista. Sólo la confusión de la guerra y la dominante necesidad de espacio de la ciudad han podido salvar al edificio del fatídico destino. Pese al deficitario mantenimiento, la buena calidad de la construcción ha permitido que se conserve más del 90 % del edificio original, que hoy vuelve a albergar la Dirección Municipal de Tráfico de Dessau, donde los visitantes resuelven sus asuntos al tiempo que descubren un ejemplo histórico de la arquitectura moderna.
Es erróneo pensar que los valiosos edificios del Movimiento Moderno construidos antes o después de la II Guerra Mundial no se hallan amenazados de derribo por su mera catalogación como monumento histórico. Para el edificio Faber en Magdeburgo (1930), una de las primeras torres de prensa, para el edificio de administración de la empresa Hochtief en Fráncfort del Meno (1966) del arquitecto Egon Eiermann, para la colonia Blumlägerfeld de Otto Haesler (1930), con destacados edificios de viviendas mínimas, ya existen solici-

tudes de derribo. Para otras construcciones, como la Oficina de Abastecimiento de los hermanos Luckhardt en Múnich (1953-1989), la torre de refrigeración en Schmehausen, construida a partir de cables tensados por el arquitecto Jörg Schlaich (1974 – 1991), ya es demasiado tarde. Los intereses comerciales se antepusieron a los intereses públicos para la conservación del patrimonio histórico cultural.

En otros lugares se cree poder recuperar las construcciones perdidas mediante una reconstrucción, haciendo reversible su destrucción. Tal es el caso de Dessau con las Meisterhäuser de Gropius en Dessau, la Universitätskirche en Leipzig y los palacios de Potsdam, Berlín o Braunschweig. Si se considera un edificio como parte de nuestro patrimonio cultural, una imitación a partir de fuentes dudosas y nuevos materiales, pero sin huella de la historia, nunca podrá sustituir el testimonio y la función del monumento original.

Conclusiones

Afortunadamente aún se conservan y utilizan numerosos edificios y colonias del Movimiento Moderno. La asociación internacional DOCOMOMO, de la que ya forman parte 35 países, se encuentra encargada de documentar tales obras, plantear cuestiones teóricas de arquitectura y buscar soluciones técnicas para la rehabilitación de estos edificios. Nunca en la historia de la arquitectura y la técnica constructiva fue tan necesario formarse una idea exhaustiva de la interacción de arquitectura, función, construcción y climatización, ya antes de la reconstrucción, como en las construcciones del Movimiento Moderno –extremadamente sensibles –. Tecnologías y conceptos olvidados pueden servir de valiosa referencia para concepciones y comportamientos de uso actuales. Los edificios del Movimiento Moderno y su restauración no sólo podrán ser ejemplo de intervención en los edificios de nueva planta, sino también en las numerosas rehabilitaciones pendientes de edificios de los últimos cincuenta años.

Observaciones:
1 Extracto de Gropius, Walter: "Das flache Dach. Internationale Umfrage über die technische Durchführbarkeit horizontal abgedeckter Dächer und Balkone" en *Bauwelt 9/1926*.
2 Extracto de Deutscher Werkbund (ed.): *Bau und Wohnung*. Stuttgart, 1927.
3 Extracto de Argan, Gulio Carlo: *Gropius und das Bauhaus*. Hamburgo, 1962 y Nerdinger, Winfried: *Der Architekt Walter Gropius*. Berlín, 1996.
4 Sobre la cubierta plana del edificio circular se colocaron placas de vidrio celular en toda superficie con un grosor de 40 mm sobre asfalto líquido, sellando las juntas. Las placas presentan un grosor de 60 mm en la zona de los dientes de sierra para un mejor aislamiento térmico.

Proyecto: rehabilitación del edificio de la Arbeitsamt de Dessau (monumento histórico); reconversión en Dirección Municipal de Tráfico de Dessau
Propietario: Ciudad de Dessau, Consejería de Obras Públicas
Arquitecto: estudio Walter Gropius Dessau/Berlín
Año de construcción: 1928–1929, rehabilitación: 2000–2003
Remodelación y reconstrucción, estudios históricos:
Burkhardt + Schumacher Architekten und Ingenieure, Braunschweig
Colaborador: Joachim Tappe
Restauradores: Restauratorenkollektiv Pröpper + Hänel, Blankenburg
Administración competente en materia de patrimonio histórico: Comisión Local de Patrimonio Cultural de Dessau, Instituto de Restauración de Bienes Culturales del Estado de Sajonia-Anhalt, Halle/Saale

.Bibliografía:
1 Burkhardt, B. (ed.): *Baudenkmale der Moderne, Geschichte einer Instandsetzung: Scharoun, Haus Schminke*. Stuttgart, 2002.
2 Burkhardt, B.; Weber, C.: "Das Arbeitsamtsgebäude von Walter Gropius in Dessau (1929–1999)". En Stadtarchiv Dessau (ed.): *Dessauer Kalender,* 44ª edición. Dessau, 2000.
3 Gebeßler, A. (ed.): *Baudenkmale der Moderne, Geschichte einer Instandsetzung: Gropius, Meisterhaus Muche/Schlemmer*. Stuttgart, 2003.
4 Graupner, K.; Lobers, F.: "Bauklimatische Aspekte, Heizungs- und Lüftungskonzept". En Burkhardt, B. (ed.): *Baudenkmal der Moderne, Geschichte einer Instandsetzung: Scharoun, Haus Schminke*. Stuttgart, 2002.
5 Huse, N. (ed.): *Baudenkmale der Moderne, Geschichte einer Instandsetzung: Mendelsohn, der Einsteinturm*. Stuttgart, 2000.
6 Kirsch, K.: *Werkbund-Ausstellung »Die Wohnung«,* Stuttgart 1927; catálogo de la exposición sobre la colonia Weißenhof. Stuttgart, 1992.
7 Klapheck, R.: *Gussglas*. Düsseldorf, 1938.
8 Pauser, A.: *Eisenbeton 1850–1950*. Viena, 1994.
9 Rasch, H. y B.: *Wie Bauen?* 2 tomos. Stuttgart, 1927.
10 Schulze, K. W.: *Der Stahlskelettbau*. Stuttgart, 1928.
11 Siedler, E. J.: *Die Lehre vom neuen Bauen. Ein Handbuch der Baustoffe und Bauweisen*. Berlín, 1932.
12 Stephan, R.: *Erich Mendelsohn – Dynamics and Function, Ausstellungskatalog des Instituts für Auslandsbeziehungen Stuttgart*. Stuttgart, 1998.

4.6 Sección de techo luminoso del edificio de la Arbeitsamt.
4.7 Zona de distribución en el volumen circular después de la rehabilitación.

4.7

Proyectos

Renovación urbana en Salemi

Arquitectos: Álvaro Siza Vieira, Oporto
Roberto Collovà, Palermo

En 1968, un seísmo arrasó gran parte de Salemi, una ciudad fundada por los árabes al oeste de Sicilia. Tras años de impedimentos administrativos y políticos, los arquitectos finalmente consiguieron realizar la reordenación del espacio público urbano. Las medidas constructivas comenzaron ya en 1982, partiendo de distintos puntos del núcleo histórico de la ciudad. Con el rediseño de la vía pública y la creación de nuevas conexiones mediante la disposición de escaleras y pasajes, se logró una reorganización del tejido urbano. El proyecto de los arquitectos abarca desde los distintos pavimentos aplicados de manera diferenciada hasta barandillas y un nuevo sistema de alumbrado con farolas que se complementan perfectamente. Sin embargo el punto central del proyecto es la plaza principal, ubicada sobre una colina. Ésta se halla flanqueada por una antigua fortaleza de caballeros cruzados, casas de dos a tres plantas de altura, un pequeño palacete y la antigua catedral, que también fue destruida por el terremoto. En lugar de ser reconstruida, se ha transformado ésta en un espacio público con un número reducido de elementos de diseño. Sobre las cimentaciones del templo se ha creado un espacio central para el desarrollo de la vida urbana. Los restos de los muros del antiguo ábside rematan la plaza, como el telón de un escenario. El pavimento de piedra blanca – material proveniente de la localidad próxima de Trapani – destaca la plataforma elevada; unos bloques de piedra marcan la posición de las antiguas columnas, de las que sólo se han reconstruido algunas. Por su disposición, éstas sirven como puntos de referencia del antiguo contexto geométrico.

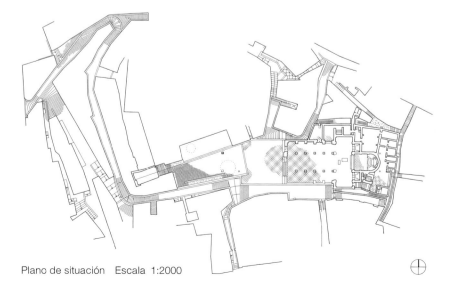

Plano de situación   Escala 1:2000

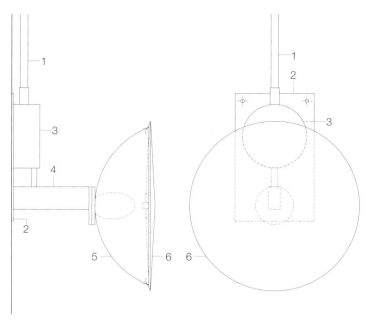

Luminaria   Escala 1:10

1 Revestimiento de acero inoxidable
  para cable eléctrico
2 Placa de acero inoxidable 5 mm
3 Carcasa de acero inoxidable para
  conexión eléctrica Ø 170 mm
4 Tubo de acero inoxidable
  ⊏⊐ 60/30 mm
5 Carcasa de plexiglás Ø 450 mm
6 Pantalla chapa de acero inoxidable
  Ø 450 mm

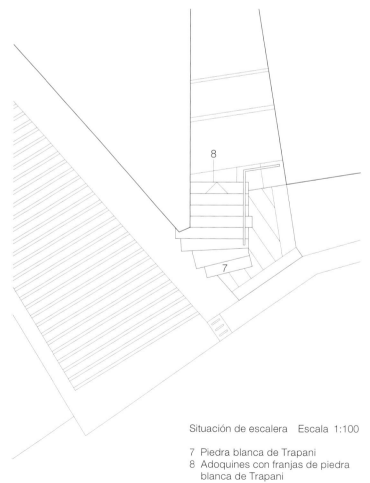

Situación de escalera   Escala 1:100

7 Piedra blanca de Trapani
8 Adoquines con franjas de piedra
  blanca de Trapani

Biblioteca de un monasterio en Fitero

Arquitectos: Miguel Alonso del Val y Rufino Hernández Minguillón, Pamplona

Uno de los primeros establecimientos de la orden cisterciense en España fue el monasterio construido en 1140 en Fitero, Navarra. En este tiempo también se erigieron la iglesia abacial, la sala capitular, el dormitorio y el refectorio con cocina. Entre los siglos XVI y XVII, se añadirían el claustro, la abadía, la hospedería, la sacristía, una biblioteca y una capilla. Sin embargo, el exponente arquitectónico del complejo lo forma el claustro de dos plantas con arcadas de arcos ojivales y contrafuertes exteriores. La planta superior fue terminada en 1613; su estética sobria recuerda al Monasterio del Escorial.

Las medidas de remodelación se concentraron en las zonas medievales de la antigua cocina, el refectorio adyacente y la biblioteca que hay en el nivel superior. Sobre los muros restaurados y reconstruidos de la cocina se dispuso un techo de madera a cuatro aguas como referencia a la antigua cúpula abovedada. La construcción de forma piramidal termina en un lucernario. De esta manera, la luz del día incidente resalta la estructura geométrica de la armadura del tejado.

La sala sirve como acceso a los nuevos espacios de exposiciones en los que se muestran objetos medievales de la vida monástica. La penumbra del antiguo refectorio es aprovechada para medios audiovisuales. El nuevo encasetonado de madera del forjado se ajusta a las ménsulas de piedra históricas que le sirven de soporte. Una escalera central conduce al visitante a la biblioteca barroca del monasterio. La intervención de los arquitectos se limita aquí, amén de los laboriosos trabajos de restauración, a las vitrinas que exhiben libros, grabados y vestuarios barrocos. Para preservar el efecto espacial, dominado por la bóveda de cañón adornada con pinturas, se han ordenado las vitrinas de forma discreta, disponiéndolas en cadena a lo largo de las paredes exteriores.

Plano de situación
Escala 1:2500
Plantas
Escala 1:400

1 Iglesia abacial
2 Sala capitular
3 Dormitorio
4 Refectorio
   medieval/sala
   de exposiciones
5 Biblioteca/sala
   de exposiciones
6 Cocina/entrada
7 Claustro
8 Refectorio
   barroco
9 Abadía
10 Hospedería
11 Sacristía
12 Capilla
13 Residencia de
   ancianos

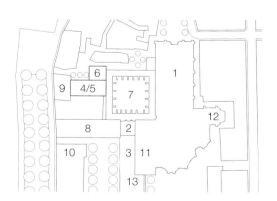

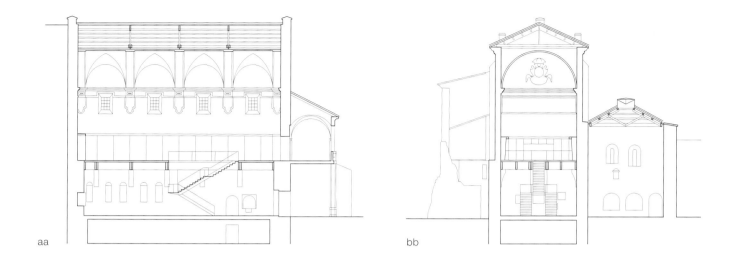

aa

bb

44

Sección horizontal
Sección vertical
Escala 1:20

1 Chapa de zinc 1 mm
  Capa separadora geotextil
  Tablero MDF 20 mm
  Madera de apoyo en pendiente
  Aislamiento térmico
  Poliestireno 60 mm
  Tablero MDF 20 mm
2 Acristalamiento aislante 2× 4 +
  cámara intermedia 6 mm
3 Marco tubo de acero ▱ 30/50 mm
4 Perfil de acero ⎿ 180 mm
5 Tejas cerámicas
  Rastrelado 25/50 mm
  Aislamiento térmico
  Poliestireno 60 mm

Entablado de madera de pino 20 mm
6 Viga secundaria madera laminada
  80/130 mm
7 Cercha diagonal madera laminada
  100/260 mm
8 Viga perimetral madera laminada
  100/400 mm
9 Canalón chapa de zinc 3 mm
10 Relleno de ladrillo
11 Piedra arenisca 70 mm
12 Viga anular hormigón armado
13 Muro de piedra arenisca restaurada
   y completada, aprox. 140 mm
14 Pletina de acero soldada a placa de
   cabecera 12 mm y 15 mm

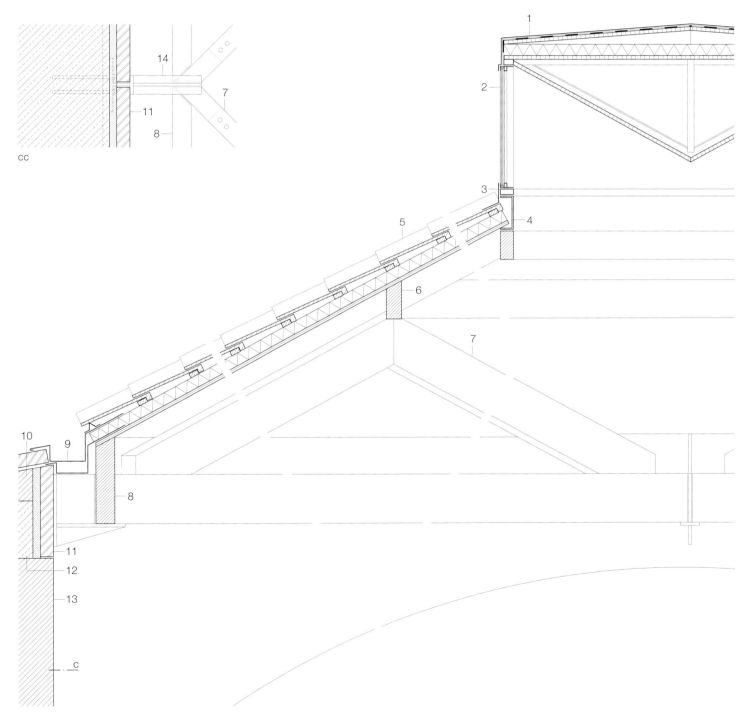

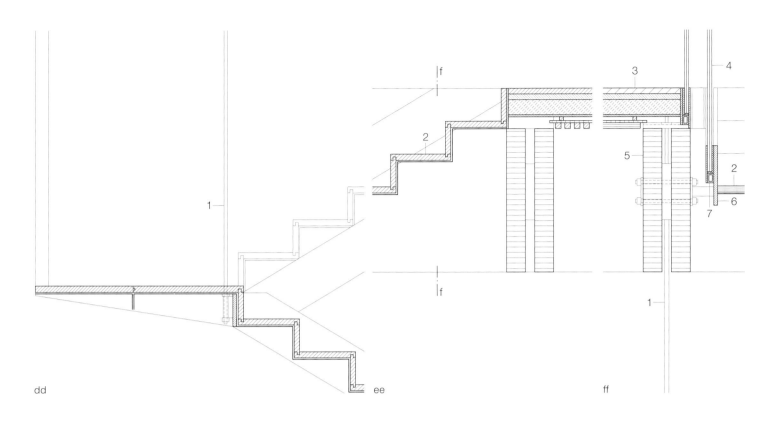

dd   ee   ff

1 Suspensión de descansillo barra de acero
  Ø 16 mm
2 Pisa de madera de roble 30 mm
  Tabica de madera de roble 25 mm
  Chapa de acero barnizada 2 mm
3 Baldosa de cerámica 30 mm,
  mortero de agarre 30 mm
  Mortero 80 mm sobre chapa de acero
  1,2 mm
  Rastrelado 20/20 mm,
  Tablero aglomerado 12 mm
  Rastrelado madera de pino encerada
  30/30 mm
4 Antepecho vidrio laminado de seguridad
  2× 4 mm
  Apoyo de EPDM
5 Viga de madera laminada 760/100 mm

6 Zanja chapa de acero 320/20 mm
7 Tubo de acero ⊡ 50/20 mm
8 Obra de fábrica portante de doble hoja:
  Ladrillo 175 mm, cámara intermedia 300 mm/
  anclaje, ladrillo 125 mm, revoco
9 Tablero MDF 2× 16 mm, con tubo de acero
  ⊠ 30/30 mm intermedio
10 Proyector de techo
11 Vitrina vidrio laminado de seguridad 2× 4 mm
12 Piedra arenisca 70 mm
13 Viga anular de hormigón armado
14 Ménsula de piedra arenisca (existente)
  con soporte:
  Chapa de acero 20 mm, EPDM 20 mm
15 Obra de fábrica portante de doble hoja:
  Piedra arenisca 450 mm, cámara intermedia
  300 mm/anclaje, piedra arenisca 450 mm

Detalles de escalera
Escala 1:20
Sección vertical
Escala 1:50

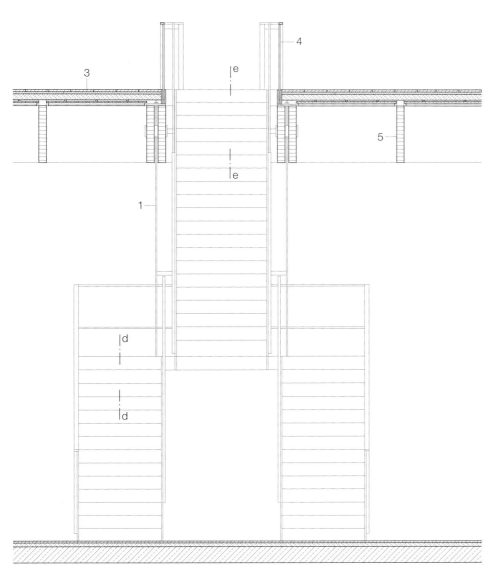

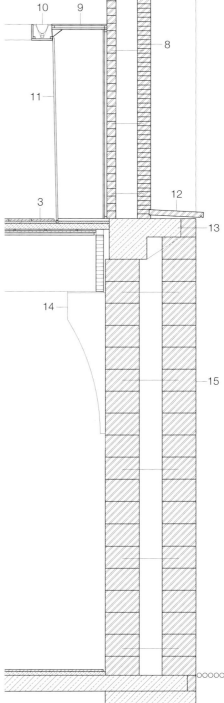

Centro Cultural de Toledo

Arquitecto: Ignacio Mendaro Corsini, Madrid

La antigua iglesia de San Marcos, situada sobre la colina de la ciudad, quedó sin uso durante años, encerrada en el solar sobre el que antes se hallaba un monasterio. Tras un concurso nacional de ideas, se decidió alojar aquí el archivo municipal con salas de conferencia, reconvirtiendo la iglesia en centro cultural. Los restos históricos que muestran las influencias culturales del cristianismo temprano, el judaísmo y el Islam en la capital del reino visigodo han sido cuidadosamente integrados en el nuevo complejo. El monasterio fue fundado en 1220 y destruido más tarde, volviendo a ser reconstruido a mediados del siglo XVI. La iglesia destinada al uso de los monjes trinitarios fue erigida entre los siglos XVII y XVIII, como una construcción sagrada típica del barroco temprano español. Tras la secularización, el complejo se convirtió en base militar y fue destruido nuevamente en 1960; la iglesia, sin embargo, siguió perteneciendo durante algún tiempo a los monjes trinitarios. En 1980 todo el complejo pasó a ser propiedad estatal. Después de estabilizar la ruina y las cimentaciones de la construcción, se restauró el interior de la iglesia y, tras el derrumbamiento de las dependencias secundarias del monasterio, las fachadas descubiertas. El aspecto exterior de iglesia fue conservado. La nave central ha sido reconvertida en auditorio; en la planta superior se encuentran las salas de exposición, que ocupan ambas naves laterales. El archivo se halla delante de la iglesia, una planta más abajo, lindando con una plaza pública. Sus muros perimetrales sobresalen diez metros de altura, haciendo que la iglesia parezca una fortaleza desde lejos. La fachada ciega de hormigón pigmentado, que fue objeto de fuertes protestas en, se integra en el entorno gracias a su cálido color dorado. Un hueco alto y ancho en la fachada conduce al visitante al interior del complejo. En el patio, una losa de hormigón flota sobre las cimentaciones romanas y medievales, mostrando las huellas del pasado. El archivo de la ciudad es accesible por el nivel de la galería, desde la que se tiene una vista sobre la sala de lectura inferior. La luz penetra puntualmente por los lucernarios y las pequeñas aperturas en el espacio de gran altura, confiriendo una atmósfera mística y casi monástica al lugar. En las ventanas de formas caprichosas, los encofrados de acero sirven de cercos de ventana. La nueva arquitectura se integra en la construcción existente con medios sencillos y reducidos; la selección de material evidencia el contraste entre lo viejo y lo nuevo.

Plano de situación   Escala 1:2500

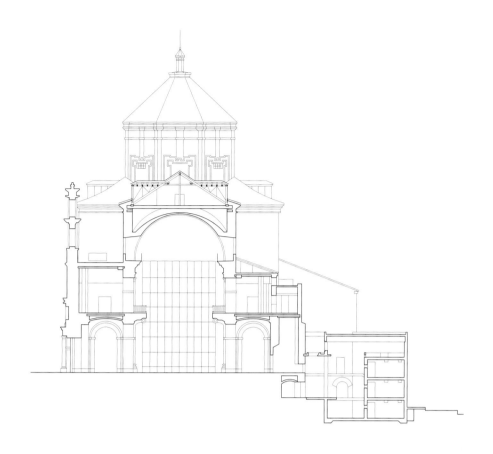

Sección
Nivel de la sala
Nivel de entrada al
archivo
Escala 1:500

1 Entrada a la sala
2 Sala
3 Sala pequeña
4 Archivo
5 Entrada al patio del
 archivo
6 Patio
7 Entrada al archivo
8 Espacio vacío sobre
 sala de lectura
9 Administración
10 Quiosco

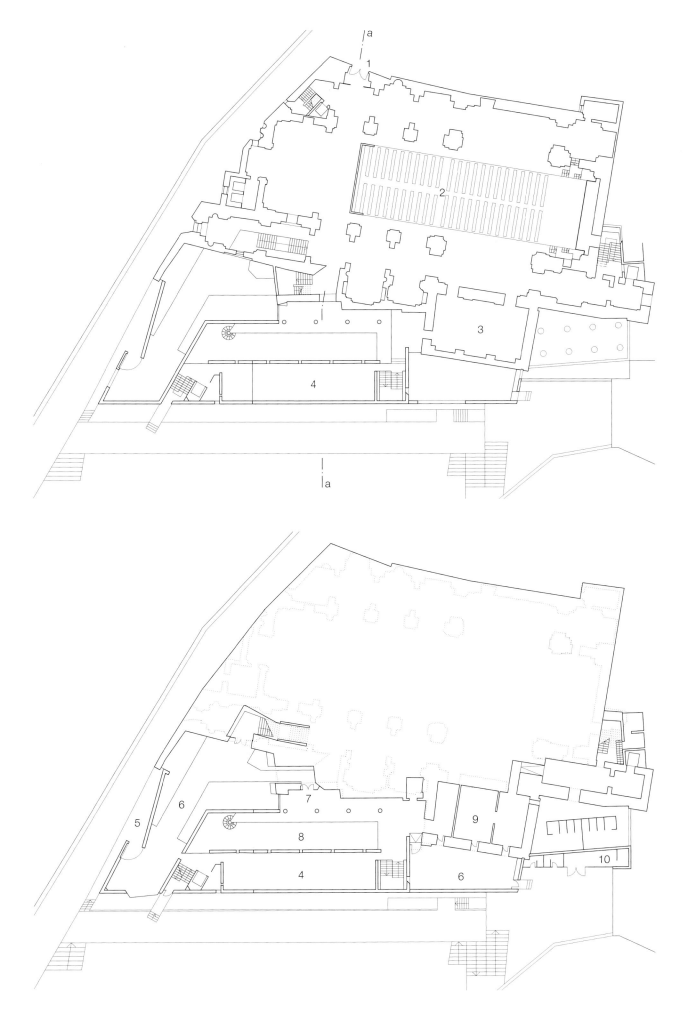

51

Detalles de ventana
Escala 1:10
Escala 1:2,5

1 Cerco de ventana
Chapa de acero preoxidado natural,
lijado y barnizado 10 mm,
a modo de encofrado perdido
2 Barra de acero Ø 10 mm
3 Pletina de acero 40/6 mm
4 Tubo de acero ⊘ 10/10 mm
5 Vidrio laminado de seguridad 12 mm
6 Perforación Ø 5 mm para ventilación
7 Ranura
8 Anclaje de acero
9 Perfil de acero T 60 mm
10 Roza Ø 50 mm para
vibrar el hormigón

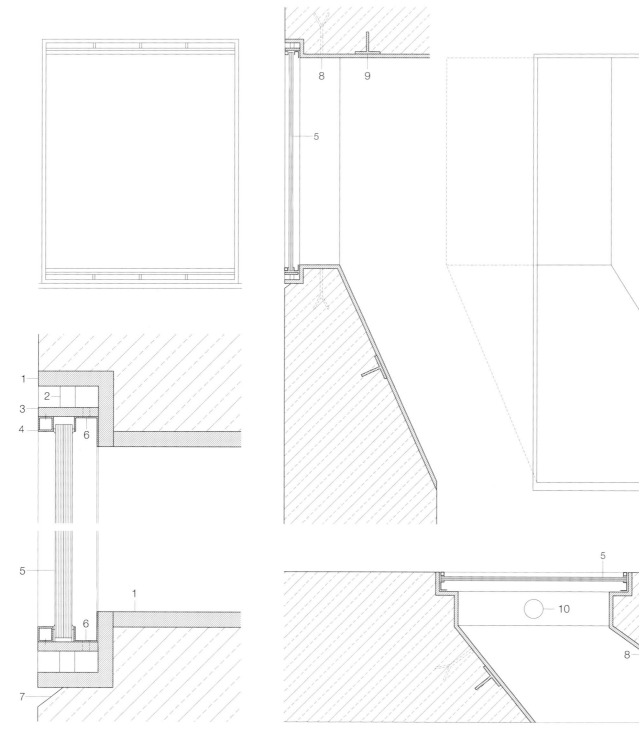

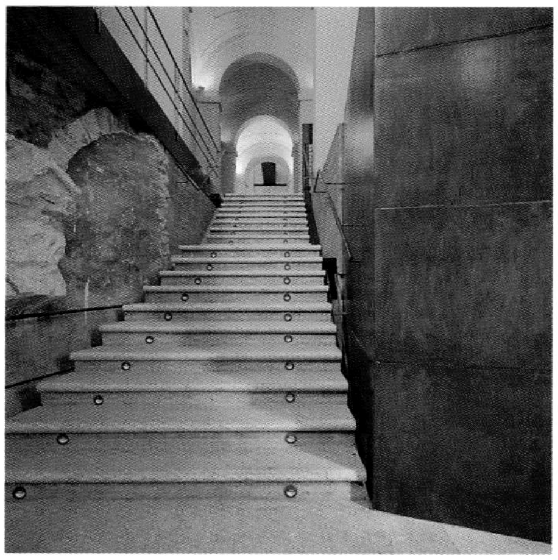

Secciones • Planta Escala 1:100
Sección transversal del puente Escala 1:20

1 Tubo de acero □ 100/50 mm
2 Chapa de acero preoxidado natural, lijado y barnizado 4 mm
3 Aislamiento de espuma rígida 100 mm, entre tubos de acero □ 100/50 mm
4 Tubo fluorescente
5 Tapeta perforada, removible
6 Parqué 30 mm
  Tablero derivado de madera 30 mm
  Aislamiento 50 mm, entre tubos de acero □ 50/50 mm
  Aislamiento 80 mm, entre tubos de acero □ 80/50 mm
  Chapa de acero 4 mm
7 Tubo de acero □ 50/50 mm
8 Rodapié pletina de acero

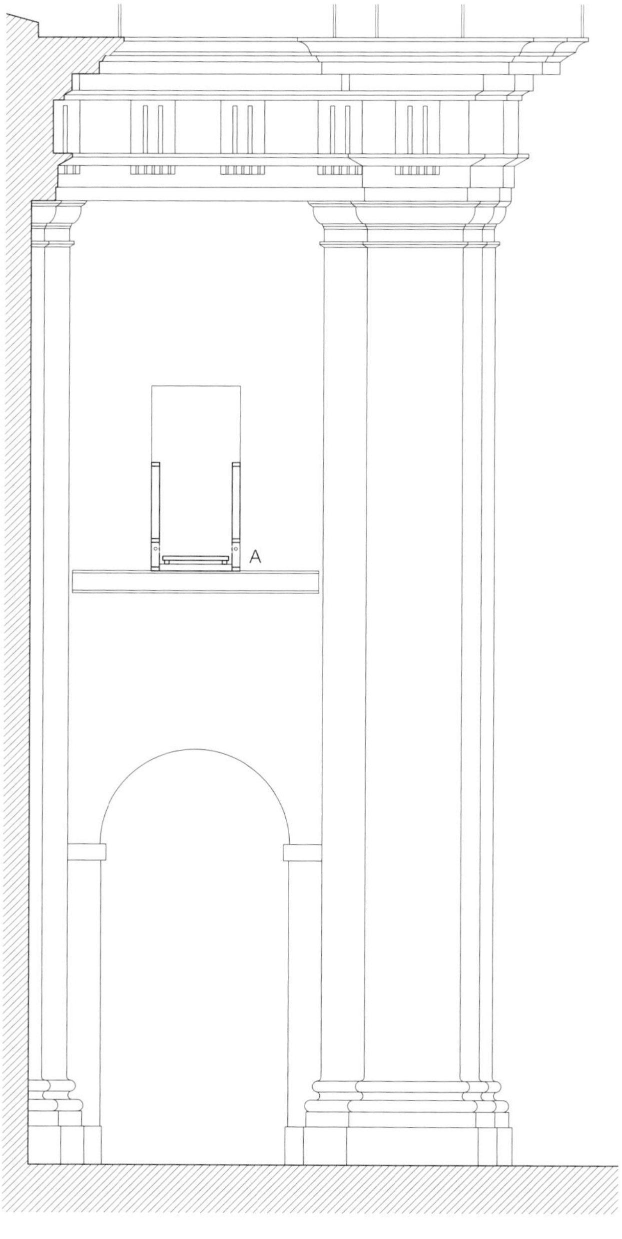

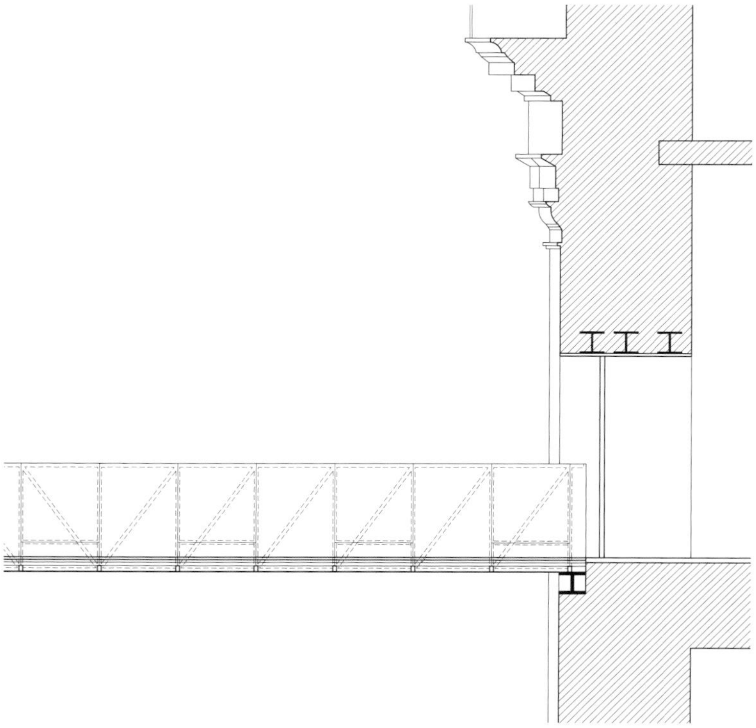

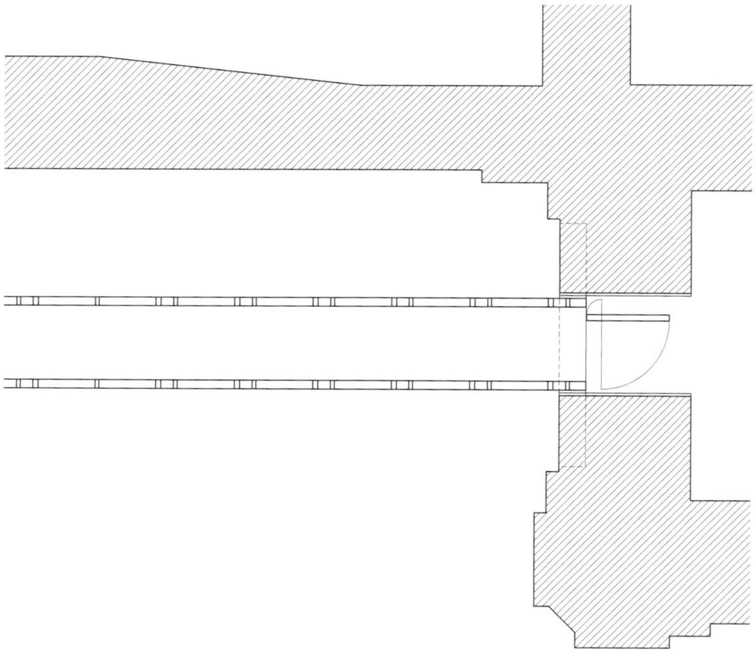

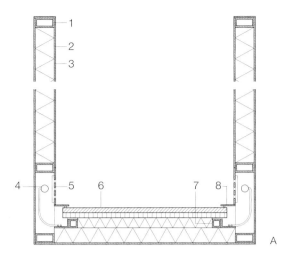

Museo en Colmenar Viejo

Arquitectos: Aranguren Gallegos, Madrid

En 1722 el párroco de Colmenar Viejo fundó una escuela de humanidades, cuya edificación entroncaba con la arquitectura tradicional de la región. Junto al edificio principal se erigió una construcción adyacente con una prensa para uvas, destinada a la producción de vino y su almacenamiento. Todo el complejo, bautizado con el nombre de »Casa del Maestro Almeida«, disfruta de un gran valor histórico en el lugar, por lo que la Comunidad de Madrid decidió encargar a los arquitectos la rehabilitación y reconversión de la antigua bodega, dejando la restauración del resto del edificio para un momento posterior. El lagar es un pequeño museo en el que se muestra el proceso de producción tradicional del vino. El edificio se esconde tras la antigua escuela, en el centro del pueblo. Los materiales empleados en la reconstrucción, como la piedra natural y el acero cortén de los perfiles metálicos, se integran perfectamente en el entorno histórico, logrando que la intervención apenas resulte perceptible a simple vista. Aunque gozando de carácter propio por su forma y estudiado empleo, los nuevos elementos armonizan con los materiales de la construcción existente.

Un portón de cuatro paneles de hormigón con marcos de acero facilita el acceso desde la calle a un patio de entrada. Dentro de éste, unas losas prefabricadas de hormigón de gran formato reposan sobre un lecho de grava, pudiendo retirarse fácilmente en la futura rehabilitación del edificio principal. Altas pantallas verticales de metal delimitan el espacio del jardín. En las obras de rehabilitación sólo se pudieron preservar las paredes del edificio existente, habiéndose perdido ya toda la cubierta. El suelo fue completado con baldosas de barro, mientras que la obra de fábrica ha sido limpiada y reparada, elevándola parcialmente. Los paramentos exteriores de los muros se hallan revestidos de pequeñas placas solapadas de granito gris-beige. Dada la insuficiente capacidad portante de la obra de fábrica para apoyar la cubierta, se optó por disponer pilares de acero dentro y delante de los muros. Sobre estos apoyos reposa la cubierta inclinada, cuya estructura de vigas de madera laminada está recubierta de madera en el interior; exteriormente ésta se halla rematada con placas de zinc, que ostentan el color natural de un recubrimiento gris mate de óxido de plomo. La luz natural penetra a través de las ventanas horizontales con perfiles de vidrio colado que coronan los muros.

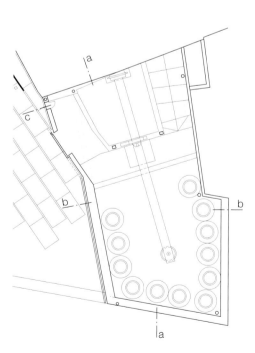

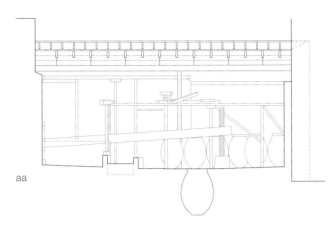

aa

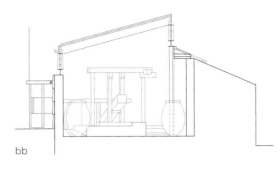

bb

Planta · Sección   Escala 1:200

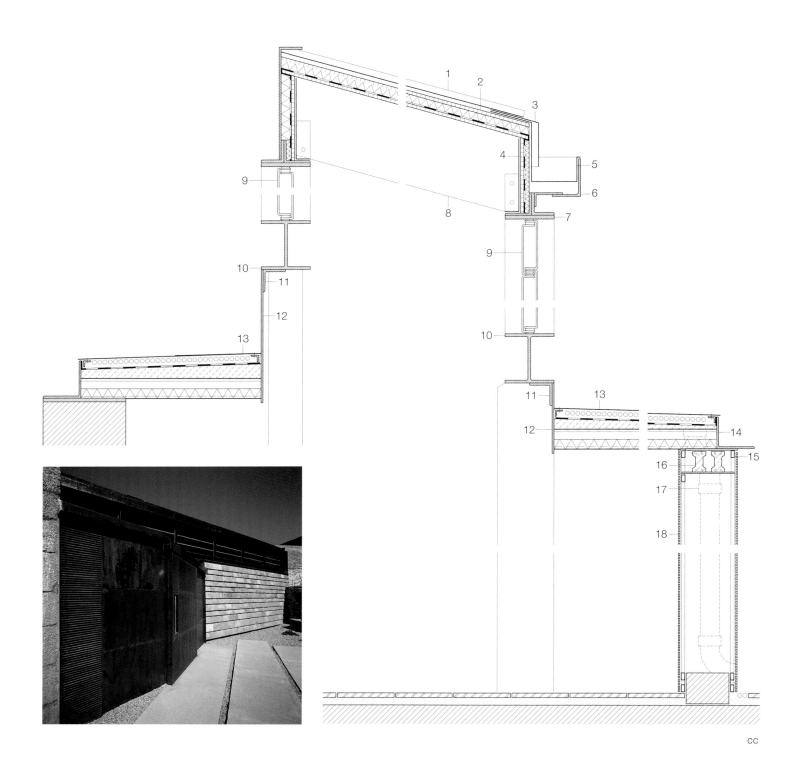

cc

1 Cubrición sobre rastreles de
  chapa de zinc
2 Panel sándwich de tablero
  derivado de madera, cubierto
  con resina fenólica 18 mm
  Aislamiento térmico
  Poliestireno extruido 40 mm
  Barrera de vapor
  Tablero derivado de madera,
  cubierto con resina fenólica 18 mm
3 Chapa de acero cortén 5 mm
4 Chapa de acero cortén 5 mm

  Tablero derivado de madera,
  cubierto con resina fenólica
  Barrera de vapor
  Aislamiento térmico
  Poliestireno extruido
5 Canalón chapa de zinc doble
  en pendiente
6 Perfil de acero cortén
  L 200/150/10 mm
7 Pletina de acero cortén 20 mm
8 Viga de madera laminada
  100/400 mm

9 Perfil de vidrio colado
  Junta sellada con silicona 30/3 mm
10 Perfil de acero cortén HEB 260
11 Perfil de acero cortén L
  120/120/12 mm
12 Pletina de acero cortén 10 mm
13 Chapa de acero cortén
  Relleno de grava
  Impermeabilización de cubierta
  Lámina bituminosa monocapa
  Hormigón ligero en pendiente
  Chapa de acero galvanizado 4 mm

  Perfil de acero HEB 100
  Aislamiento de espuma rígida
  Poliuretano 50 mm
  Chapa de acero cortén 5 mm
14 Perfil de acero cortén
  L 200/200 mm
15 Tubo de acero ⌷ 20/40 mm
16 Dintel elemento prefabricado
  de hormigón armado
17 Bajante de pluviales
18 Lamas de ventilación de
  acero cortén

Entrada de tienda en Nueva York

Arquitectos: Future Systems, Londres

West Chelsea, un barrio neoyorkino una vez repleto de almacenes vacíos, se ha convertido en un lugar de moda. Los alquileres asequibles atrajeron primero a los artistas a esta zona, cuyo particular ambiente parece ser ahora el telón de fondo perfecto para infinidad de galerías, clubes, restaurantes y tiendas de moda. La diseñadora japonesa Rei Kawakubo desarrolló con los arquitectos un nuevo concepto para su marca Comme des Garçons. El objetivo era el diseño de un entorno artístico para sus originales prendas que fuera aplicable a distintos emplazamientos. Una deteriorada fachada de ladrillo rojo caracteriza la construcción del siglo XIX que hoy alberga la nueva boutique. No hay escaparate que muestre las prendas al público transeúnte, la tienda se esconde entre las galerías vecinas: como el arte de éstas, la moda no debe exhibirse, sino descubrirse. El concepto preveía la entera conservación de la fachada original con todos sus antiguos letreros y escaleras de incendio exteriores. La entrada de acceso existente, un portón arqueado, conecta con un gran tubo asimétrico de aluminio que resuelve el transito entre el antiguo edificio y el nuevo espacio interior rediseñado, cuyas paredes esculturales envuelven las prendas de vestir. A modo de esclusa, la entrada atrapa al visitante en un ambiente apacible. La puerta de entrada de vidrio proporciona una limitada vista al interior y cierra el tubo autoportante y rígido, gracias al grosor de la chapa. Éste consiste de cinco partes y no precisa subconstrucción alguna. Las placas curvadas en las tres dimensiones fueron construidas en unos astilleros ingleses, para ser embarcadas más tarde a Nueva York y ensambladas *in situ.*

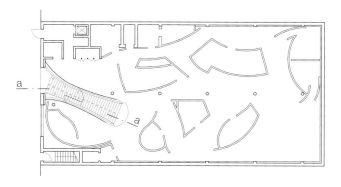

Planta Escala 1:400
Axonometría túnel de entrada

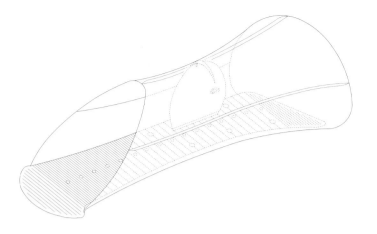

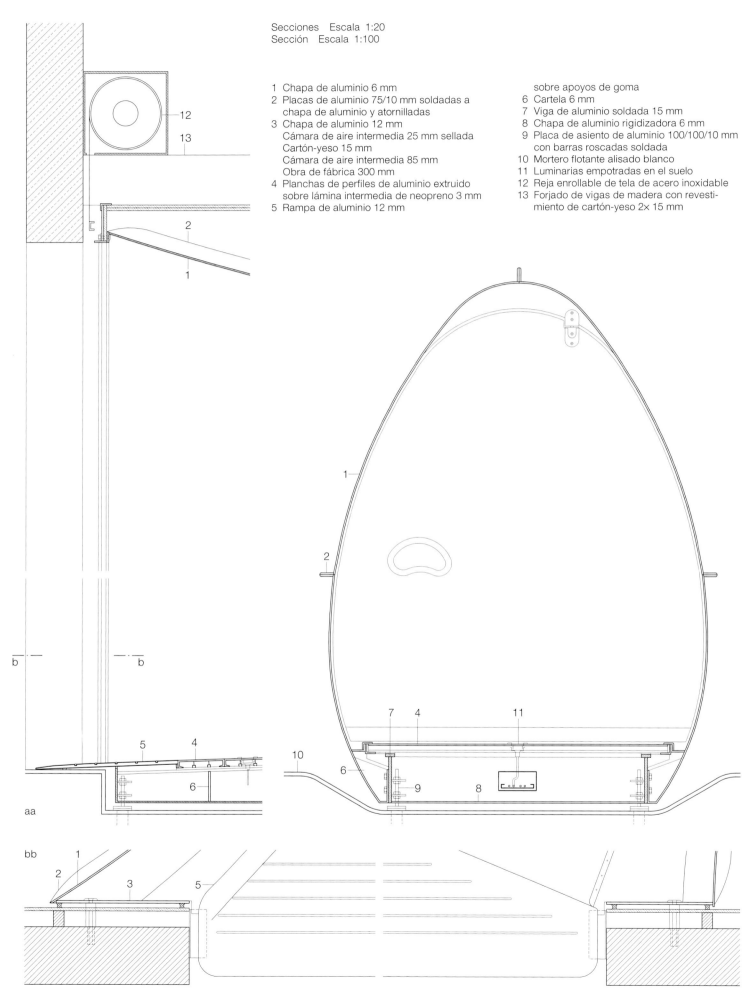

Secciones   Escala 1:20
Sección   Escala 1:100

1 Chapa de aluminio 6 mm
2 Placas de aluminio 75/10 mm soldadas a
   chapa de aluminio y atornilladas
3 Chapa de aluminio 12 mm
   Cámara de aire intermedia 25 mm sellada
   Cartón-yeso 15 mm
   Cámara de aire intermedia 85 mm
   Obra de fábrica 300 mm
4 Planchas de perfiles de aluminio extruido
   sobre lámina intermedia de neopreno 3 mm
5 Rampa de aluminio 12 mm

   sobre apoyos de goma
6 Cartela 6 mm
7 Viga de aluminio soldada 15 mm
8 Chapa de aluminio rigidizadora 6 mm
9 Placa de asiento de aluminio 100/100/10 mm
   con barras roscadas soldada
10 Mortero flotante alisado blanco
11 Luminarias empotradas en el suelo
12 Reja enrollable de tela de acero inoxidable
13 Forjado de vigas de madera con revesti-
    miento de cartón-yeso 2× 15 mm

aa

bb

62

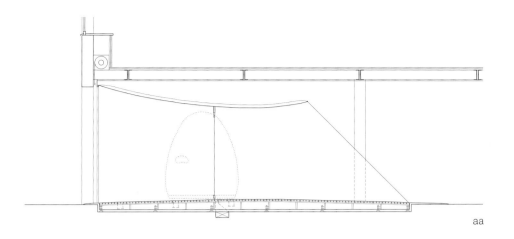

aa

Centro de información en Criewen

Arquitectos: Anderhalten Architekten, Berlín

Además de disponer de una casa señorial y otra para el administrador, el conjunto barroco de Criewen contaba con una casa de labor, establos y graneros. En el curso de las obras de rehabilitación, que debían convertir el complejo en un centro de encuentro polaco-alemán, se decidió transformar el antiguo corral en un centro de información para los visitantes. El edificio de ladrillo, erigido en 1820, estuvo abandonado hasta alcanzar un estado deplorable. Como consecuencia, fue necesario retirar toda la estructura de madera interior y la construcción de la cubierta antes de dotar al edificio de un nuevo uso. Dado que la humedad mermaba la capacidad portante de los muros, se decidió la disposición de una nueva construcción de acero guardando una distancia de 60 centímetros del edificio existente. Los paramentos húmedos se han dejado descubiertos para favorecer su secado. El distintivo del edificio, sin embargo, lo constituye la cortina de mimbre trenzado de 45 metros de longitud, que protege de la intemperie y filtra la luz. Este material se integra perfectamente en el nuevo contexto. Sobre el nivel del suelo del antiguo establo se eleva la superficie de exposiciones a modo de plataforma de madera flotante. Las delgadas correas de la construcción de cubierta parecen lamas que acentúan el carácter longitudinal del volumen. Las placas radiantes del techo sirven para regular la temperatura de la nave. Las nuevas ventanas con acristalamiento aislante permanecen invisibles desde el exterior, escondidas tras las lamas de madera existentes. Las antiguas ventanas del establo en la planta inferior conservan los acristalamientos simples originales, sirviendo de indicadores debido a sus deficiencias higrotérmicas: cuando se condensa agua en este punto, la humedad del aire debe ser regulada a través de los elementos de ventilación en la zona de las lamas.

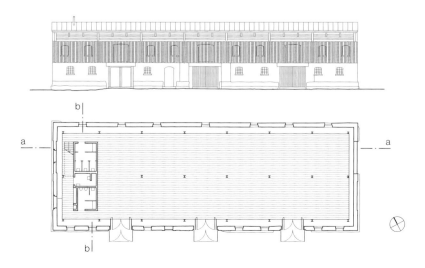

Alzado · Planta
Escala 1:500

64

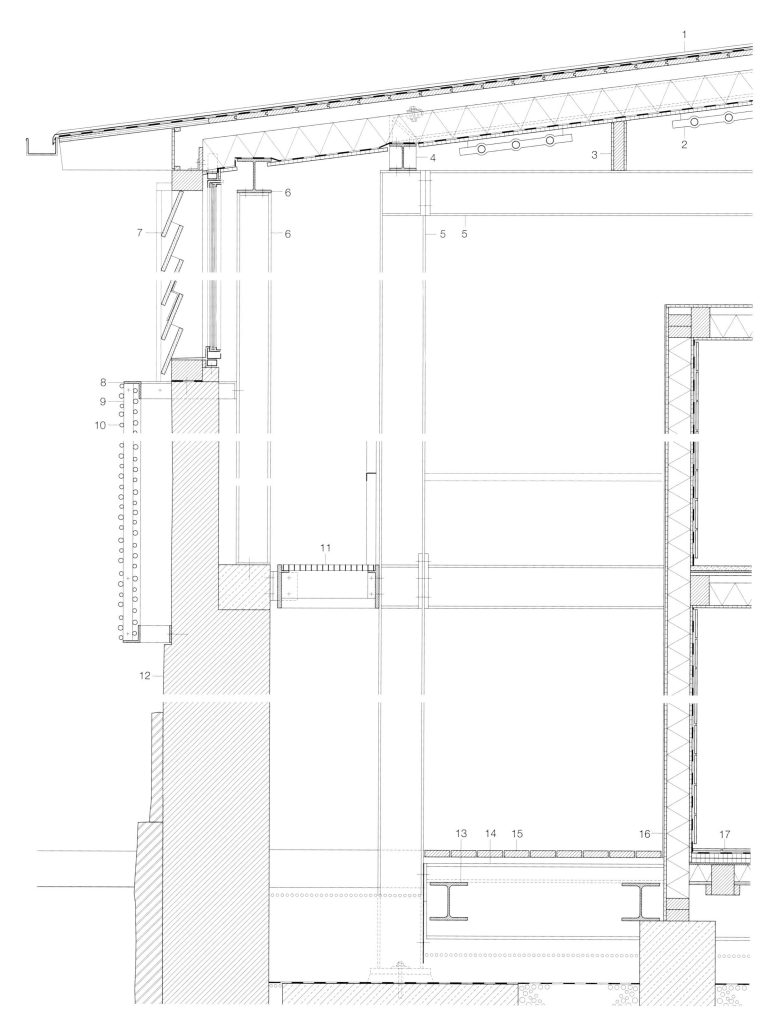

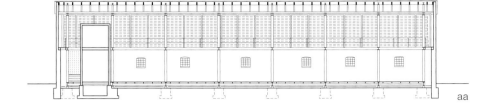

aa

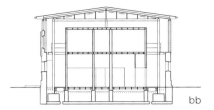

bb

Sección detalle
Escala 1:20
Sección longitudinal
Sección transversal
Escala 1:400

1 Construcción de cubierta:
   Chapa de zinc sobre lámina bituminosa de impermeabilización
   Entablado machihembrado 28 mm
   Pares 240/160 mm
   Aislamiento térmico de lana mineral 160 mm
   Barrera de vapor lámina de polietileno
   Contrachapado de madera de haya 18 mm
2 Placas de techo radiante (calefacción)
3 Correa revestida de contrachapado de madera 80 mm
4 Viga de acero HEA 140
5 Perfil de acero HEA 240
6 Perfil de acero HEA 180 A
7 Lamas de madera (existentes)
8 Marco de perfil de acero L 90/90/9 mm
9 Pletina de acero ⊏⊐ 50/10 mm
10 Estructura trenzada de mimbre
11 Rejilla perimetral, ancho de malla 30/90 mm
12 Obra de fábrica (existente)
13 Viga secundaria perfil de acero HEA 200
14 Viga principal perfil de acero IPE 400
15 Tarima de roble blanco 135/35 mm
16 Construcción de pared cubo sanitario:
   Placa de fibrocemento 6 mm sobre tablero aglomerado 13 mm
   Aislamiento térmico de fibra mineral 120 mm
   Tablero aglomerado hidrófobo con pintura impermeabilizante
   Gres cerámico sobre mortero cola 11 mm
17 Construcción de suelo cubo sanitario:
   Gres cerámico sobre mortero de cola 11 mm
   Impermeabilización
   Tablero derivado de madera 2x 25 mm
   Estera aislante de ruido de impacto 10 mm
   Viga de madera 160/120 mm
   Tablero derivado de madera 16 mm sobre rastreles

67

Sección horizontal
Sección vertical
Entrada
Escala 1:20

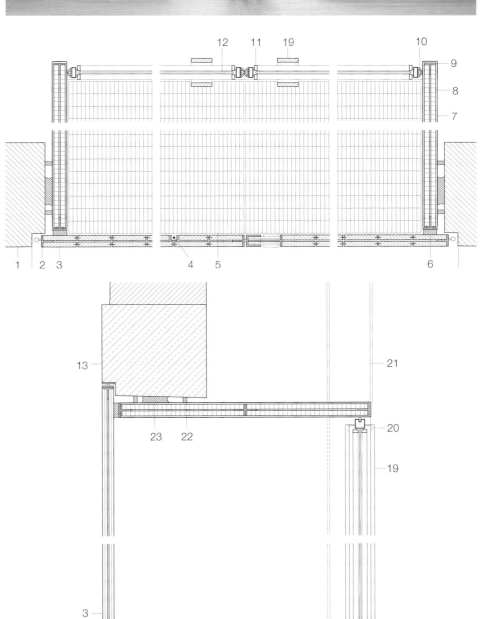

1 Obra de fábrica (existente)
2 Perfil perimetral de acero T 60/45/5 mm
3 Entablado de tableros de roble blanco,
   ranurados por ambos lados 178/26 mm
4 Barra de fijación de acero ⊔ 30/30/3 mm en
   perfil de acero
5 Rejilla de acero, ancho de malla 22,2/66,6 mm,
   sobre perfiles elásticos 30/20 mm
6 Perfil de sellado EPDM
7 Chapa de acero 3 mm
8 Tablero derivado de madera 24 mm
9 Perfil de acero T 60/60/7 mm
10 Perfil obturador hueco sobre tubo de
   aluminio ⊡ 50/25/3 mm
11 Listón presor de perfil de acero ⊡ 30/15 mm
12 Acristalamiento vidrio templado 8 mm
13 Dintel de hormigón armado
14 Hormigón visto, superficie rugosa
   antideslizante
15 Pletina de acero ⊡ 6/55 mm
16 Desagüe
17 Perfil de acero ⊡ 50/50/4 mm sellado con
   junta de cepillo
18 Perfil de acero soldado ⊔ 110/60/8 mm
19 Tirador tablero de roble blanco 20/110 mm
20 Soporte perfil de acero ∟ 35/35/3 mm
21 Perfil de acero HEA 240
22 Obturación de goma 20 mm
23 Espuma de poliestireno extruido

69

Casa amarilla en Flims

Arquitecto: Valerio Olgiati, Zúrich

La casa amarilla ahora es blanca y se yergue como un manifiesto arquitectónico en el centro de un pueblo de esquí del Cantón de los Grisones. El edificio, que antes albergaba una tienda y varias unidades de viviendas, quedó vacío durante décadas. El padre del arquitecto dispuso en su testamento el legado de una rica colección de bienes culturales, con la sola condición de rehabilitar la casa amarilla y darle el uso de museo. Asimismo, el legado comprendía detalles de diseño para la rehabilitación, como la pintura blanca y la cubierta de lajas de piedra. El objetivo urbanístico de la intervención era la creación de un centro comunitario, reuniendo usos culturales junto a la transitada carretera de paso que cruza el pueblo. De esta manera, se ha desplazado el acceso desde la calle a una plazoleta rediseñada, donde una escalera de entrada de hormigón visto se apoya en la casa. Frontispicio, alero en voladizo y cornisa desaparecieron, el muro se elevó y las ventanas rectangulares fueron comprimidas. Elementos de hormigón *in situ* conforman los nuevos bordes de cubierta y ventanas, cuya forma ligeramente menguante hacía dentro destaca el grosor de los muros de 80 centímetros. Una pintura de cal blanca une los nuevos elementos con el edificio existente, construido a partir de grandes piedras de mampostería. En el interior se han enrasado las ventanas en el plano interior del muro, destacándolas de los lisos paramentos mediante ranuras. Los nuevos forjados están formados por vigas de alerce, que reposan sobre una construcción continua de pilares de madera independientes de los muros existentes. La superficie de exposición está marcada por un enorme pilar de madera en disposición asimétrica, que no forma parte de la estructura portante en la planta ático, inclinándose hacia la cumbre de la cubierta a cuatro aguas como un elemento conscientemente irracional.

Sección
Planta baja
Planta primera
Escala   1:250

1 Entrada
2 Entrada para sillas de
  ruedas, suministros
3 Exposición, eventos
4 Cocina
5 Vía de escape

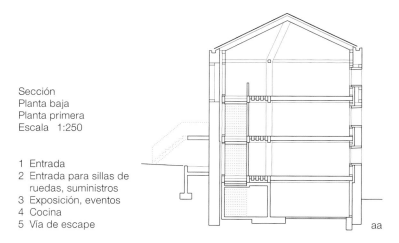

aa

70

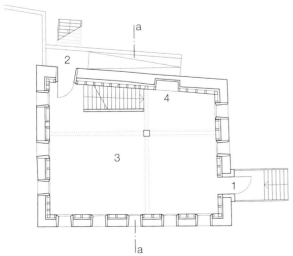

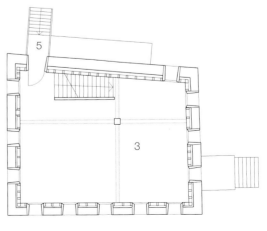

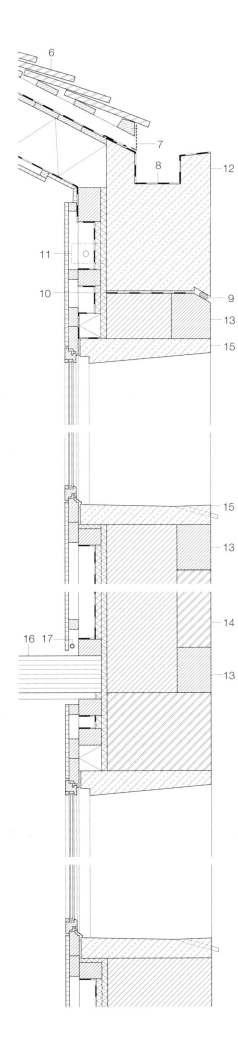

Sección vertical
Fachada
Sección horizontal
Puerta de entrada
Escala 1:20

1 Obra de mampostería existente aprox. 600 mm
  Aislamiento térmico 2× 30 mm
  Barrera de vapor
  Pilares de madera 80/120 mm
  Rastrelado 60/60 mm
  Tablero alistonado 19 mm
2 Cerco de puerta y cubierta en voladizo,
  hormigón *in situ*
3 Desagüe Ø 80 mm
4 Puerta de entrada madera de roble pintada
5 Estera
6 Lajas de piedra del Vals, pintada de blanco
  Rastrelado 30/120 mm
  Contrarrastrelado 80/80 mm
  Lámina de impermeabilización de seguridad
  Entablado 27 mm
  Pares 120/260 mm
  Aislamiento térmico 260 mm intermedio
  Barrera de vapor
  Tablero alistonado 19 mm, perforado
7 Chapa perforada
8 Impermeabilización, líquido sintético
9 Cinta de caucho butílico
10 Cartón alquitranado
11 Fijación de pilares con lengüeta de acero
12 Viga anular y canalón de hormigón 550 mm
  Canto superior en pendiente pintado con cal
13 Carrera (existente)
14 Relleno de piedra natural (existente)
  Relleno de ladrillo aprox. 350 mm
  Aislamiento térmico 2× 30 mm
  Barrera de vapor
  Pilares de madera 80/120 mm
  Rastrelado 60/60 mm
  Tablero alistonado 19 mm
15 Cerco de hormigón *in situ*
  Desagüe tubo de PVC Ø 20 mm
16 Forjado vigas de madera de alerce
  120/240 mm y 120/210 mm
17 Retorno de calefacción

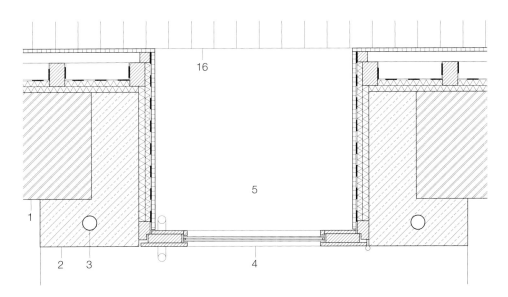

Vivienda-estudio en Sent

Arquitectos: Rolf Furrer, Basilea
Christof Rösch, Sent

La tradicional casa campesina fue sometida a una remodelación que resulta prácticamente imperceptible desde el exterior. En el interior, sin embargo, se ha transformado completamente la zona de servicio: conforme al principio de "casa dentro de una casa" surgió una construcción de tres plantas, en la que se encuentran dos estudios y cuartos de baño. El propietario, un artista, y el arquitecto desarrollaron conjuntamente la estructura principalmente de madera insertada en el antiguo edificio, que reposa sobre pilares de acero y muros de hormigón, y guarda clara distancia con los muros exteriores. Para facilitar el transporte del material dentro de la casa, se dispusieron grandes escotillas en los forjados de los estudios que permiten una conexión desde la planta alta hasta el sótano, donde se encuentran el almacén y el estudio del artista. Una escalera móvil comunica el nivel de la entrada con el estudio de escultura que se halla más abajo.

La solución arquitectónica introvertida elegida preserva la imagen exterior de la casa y genera la atmósfera contemplativa de trabajo deseada por el propietario. De esta manera, las aperturas de la nueva construcción no desvelan vistas al exterior, sino que hacen de ventanas-cuadro que presentan el cerramiento de la edificación existente. Una de las aperturas queda solapada en su exterior por los tablones perfilados de madera que forman la fachada histórica del granero, permeable al aire. Tras la fachada sur acristalada del estudio, la cara interior del muro exterior con sus huecos parece el telón de un escenario; una impresión acentuada por la noche gracias a la iluminación indirecta. La nueva construcción sólo afecta a la fachada en un punto: la logia del estudio, aparentemente nueva, se abre al angosto callejón que se esconde detrás de la casa. Los nuevos tragaluces de la cubierta, sin embargo, se muestran al exterior como superficies acristaladas discretas.

Sección · Plantas
Escala 1:400

1 Nivel de entrada
2 Vacío de estudio de escultura
3 Vivienda-estudio
4 Nuevo forjado de madera
5 Forjado masivo (existente)

aa

74

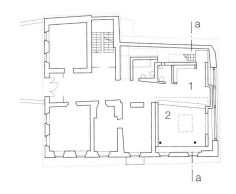

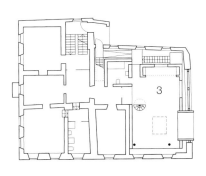

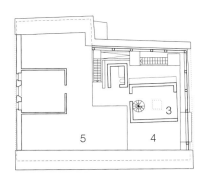

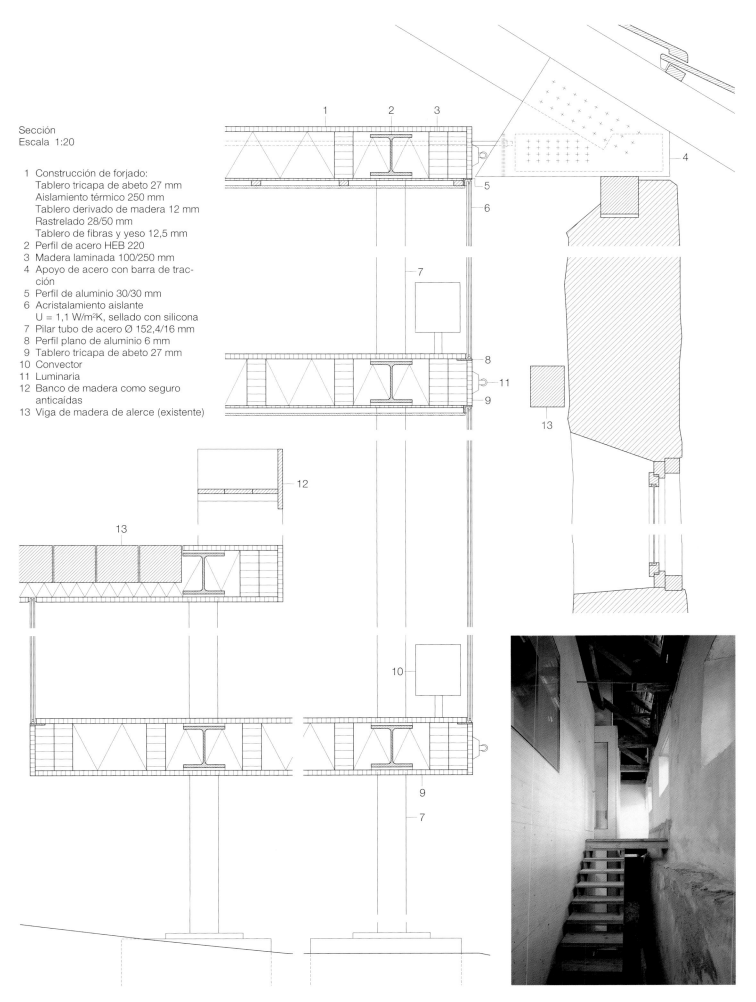

Sección
Escala 1:20

1 Construcción de forjado:
  Tablero tricapa de abeto 27 mm
  Aislamiento térmico 250 mm
  Tablero derivado de madera 12 mm
  Rastrelado 28/50 mm
  Tablero de fibras y yeso 12,5 mm
2 Perfil de acero HEB 220
3 Madera laminada 100/250 mm
4 Apoyo de acero con barra de tracción
5 Perfil de aluminio 30/30 mm
6 Acristalamiento aislante
  U = 1,1 W/m²K, sellado con silicona
7 Pilar tubo de acero Ø 152,4/16 mm
8 Perfil plano de aluminio 6 mm
9 Tablero tricapa de abeto 27 mm
10 Convector
11 Luminaria
12 Banco de madera como seguro
  anticaídas
13 Viga de madera de alerce (existente)

Centro parroquial en Schwindkirchen

Arquitectos: arc Architekten, Múnich

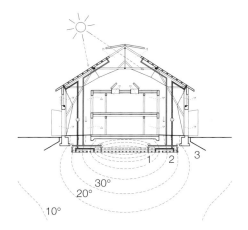

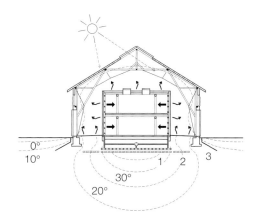

A primera vista, el histórico conjunto parroquial de Schwind-kirchen no parece haber sufrido modificaciones: la iglesia, la casa parroquial, la casa del capellán, el granero y un antiguo almacén de cereales cierran un patio verde. La vida interior del antiguo granero se desvela en verano, cuando los portones se abren y se retiran los cerramientos de invierno de las ventanas. La fachada de madera que se vislumbra entonces pertenece al nuevo centro parroquial, que ha sido insertado en la antigua envolvente.

Carente de especial valor arquitectónico, hubiera sido posible derrumbar el antiguo granero para dar espacio a una nueva construcción. Sin embargo, los arquitectos prefirieron conservar el conjunto arquitectónico. Dado que la superficie programada para el centro parroquial era en conjunto menor que la superficie edificada del granero, los arquitectos optaron por preservar su cerramiento, disponiendo un volumen cúbico dentro del espacio. De esta manera se entabla un interesante diálogo. La reparación de la fachada existente pudo hacerse con relativamente escasos medios, siendo innecesarios el costoso aislamiento de los muros, la inserción de acristalamientos aislantes y el secado completo de los paramentos de la antigua construcción. A fin de facilitar el uso libre del espacio interior de la construcción, se retiraron todos los pilares centrales, reforzando las cerchas de madera con perfiles de acero. La estructura portante se extiende sobre el centro parroquial. La luz del sol incidente que penetra por los lucernarios de cumbrera crea juegos de sombras sobre la caja de madera. Gracias a su pintura de color marrón oscuro, ésta se diferencia claramente de la obra de fábrica encalada del antiguo granero. La caja de dos plantas, que alberga una sala, un club y espacios para encuentros juveniles, consta de muros y forjados a partir de elementos prefabricados de una estructura colaborante de madera y hormigón.

El concepto energético prevé el uso para calefacción de unos absorbedores solares. El terreno bajo la caja insertada almacena el calor en verano, que es cedido en invierno por las paredes del centro parroquial a los espacios interior e intermedio como energía de calefacción. Eso facilita el lento secado de la obra de fábrica húmeda del granero. Al mantener abiertos los portones del granero y las puertas correderas de la sala parroquial en verano, el juego entre el interior y el exterior muestra su máximo encanto: la zona intermedia deja de ser espacio interior para convertirse en espacio exterior y viceversa. Ésta no sólo facilita una regulación climática, sino que sirve además para la celebración de actos parroquiales de todo tipo.

Los arquitectos han logrado preservar la identidad de ambos volúmenes, entrelazándolos espacialmente.

Concepto de climatización:
Verano: proceso de carga
Invierno: proceso de descarga
Secciones Escala 1:500
Planta Escala 1:500

1 Acumulador   3 Aislamiento
  central   4 Sala
2 Acumulador   5 Club
  perimetral   6 Cocina

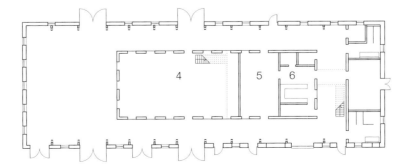

Secciones
Casa núcleo
Escala 1:20

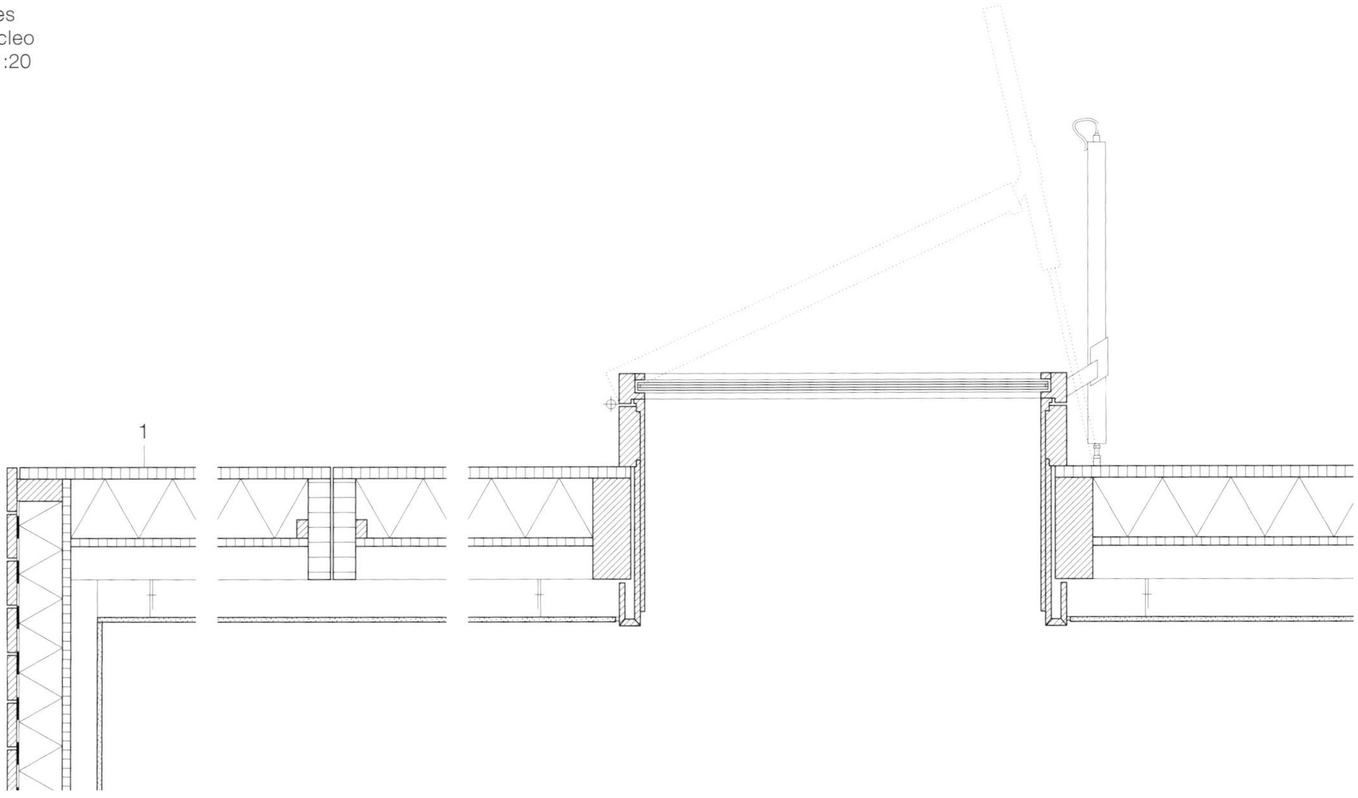

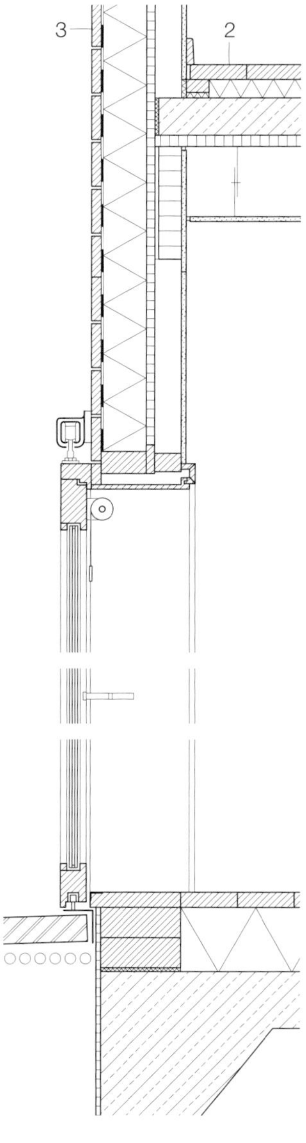

1 Construcción de cubierta:
  Tablero tricapa 30 mm
  Aislamiento térmico 160 mm
  Entablado 22 mm
  Placa de fibras y yeso 12,5 mm
2 Construcción de forjado:
  Tarima de madera de abeto, tratada con
  sosa cáustica y aceite blanco 40 mm
  Aislamiento de ruido de impacto 50 mm,
  entre rastreles
  Hormigón armado 100 mm
  Tablero tricapa 30 mm,
  con recubrimiento hidrófobo
  Placa de fibras y yeso 12,5 mm
3 Construcción de pared:
  Revestimiento de madera clavado y pintado,
  con juntas 26/120 mm
  Lámina estanca al viento negra
  Aislamiento térmico 120 mm entre montantes
  de madera 60/120 mm
  Tablero de virutas orientadas OSB 22 mm
  Cámara de aire para regulación de tempe-
  ratura de pared y cámara de instalaciones
  entre montantes 60/70 mm
  Placa de fibras y yeso 12,5 mm

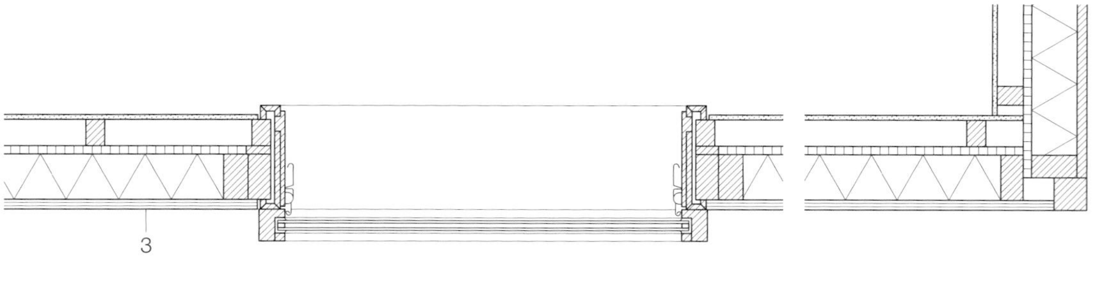

Rehabilitación de ático en Berlín

Arquitectos: Rudolf + Sohn Architekten, Múnich

El edificio de cinco plantas fue construido en 1910 como casa trasera de una típica edificación en manzana berlinesa. Con el paso del tiempo los sucesivos cambios de uso comercial llevaron a adoptar una serie de medidas de remodelación y ampliación. Una construcción de acero remachada forma la estructura portante. Ladrillos blancos revisten la fachada este, visible desde la calle, para cuya reparación y reconstrucción se fabricaron piezas iguales. Las demás fachadas han sido revocadas y se han saneado los marcos de madera de sus ventanas dobles. En el curso de la rehabilitación del ático también se llevó a cabo la construcción de una galería, quedando inalterada la altura del alero y la cumbrera. Piezas de acero sustituyen ahora los antiguos cabrios de madera. Pórticos existentes, provistos de una capa de mortero por razones de protección de incendios, han sido descubiertos. La disposición de dos escaleras de emergencia permite prescindir de un recubrimiento intumescente. El nuevo ático se destaca claramente de la construcción existente. Mientras que la zona inferior de mansarda, una construcción vista de montantes y travesaños, consta de perfiles de aluminio, la parte superior de la cubierta se halla revestida de chapa de zinc de titanio. Una sala de reuniones con acristalamiento sin marco se encuentra libremente inserta en el espacio. Las puertas correderas de madera pintada de negro marcan su entrada. El color de las estanterías de tableros de fibras de madera barnizada contrasta con la combinación cromática dominante negro-blanco-gris. Los nuevos materiales, como los perfiles de acero galvanizado o tratados con pintura de hierro micáceo, emparrillados y elementos de iluminación, así como el pavimento de asfalto colado son propios de la construcción industrial.

Sección · Planta   Escala 1: 500

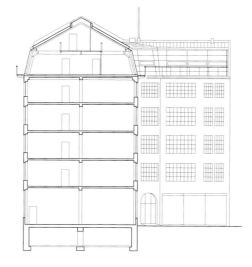

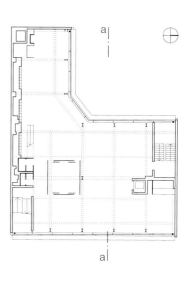

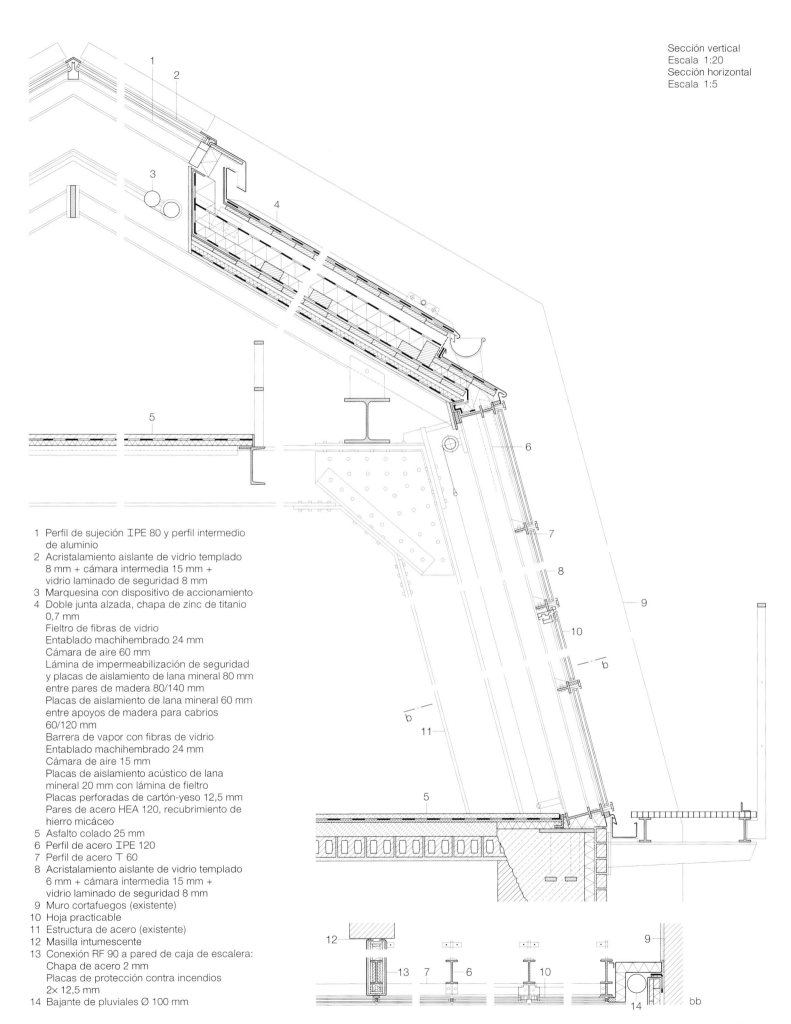

1 Perfil de sujeción IPE 80 y perfil intermedio
  de aluminio
2 Acristalamiento aislante de vidrio templado
  8 mm + cámara intermedia 15 mm +
  vidrio laminado de seguridad 8 mm
3 Marquesina con dispositivo de accionamiento
4 Doble junta alzada, chapa de zinc de titanio
  0,7 mm
  Fieltro de fibras de vidrio
  Entablado machihembrado 24 mm
  Cámara de aire 60 mm
  Lámina de impermeabilización de seguridad
  y placas de aislamiento de lana mineral 80 mm
  entre pares de madera 80/140 mm
  Placas de aislamiento de lana mineral 60 mm
  entre apoyos de madera para cabrios
  60/120 mm
  Barrera de vapor con fibras de vidrio
  Entablado machihembrado 24 mm
  Cámara de aire 15 mm
  Placas de aislamiento acústico de lana
  mineral 20 mm con lámina de fieltro
  Placas perforadas de cartón-yeso 12,5 mm
  Pares de acero HEA 120, recubrimiento de
  hierro micáceo
5 Asfalto colado 25 mm
6 Perfil de acero IPE 120
7 Perfil de acero T 60
8 Acristalamiento aislante de vidrio templado
  6 mm + cámara intermedia 15 mm +
  vidrio laminado de seguridad 8 mm
9 Muro cortafuegos (existente)
10 Hoja practicable
11 Estructura de acero (existente)
12 Masilla intumescente
13 Conexión RF 90 a pared de caja de escalera:
  Chapa de acero 2 mm
  Placas de protección contra incendios
  2× 12,5 mm
14 Bajante de pluviales Ø 100 mm

85

Casa en Chevannay

Arquitectos: Fabienne Couvert & Guillaume Terver, París

Los muros portantes del granero erigido a finales del siglo XIX dividen el edificio en tres sectores de idénticas dimensiones con una superficie de 55 metros cuadrados. Esta condición fue aprovechada por los arquitectos para articular la planta en tres zonas. La conversión en casa del antiguo granero tuvo lugar en dos fases. La primera fase abarcaba la reconversión del primer sector, que alberga los espacios esenciales: dormitorio, baño, cocina, así como un comedor espacioso.

La sección intermedia del edificio, la antigua era, fue rediseñada por los arquitectos como zona de tránsito para los cambios de estación. Aquí se han retirado los portones del granero en ambas caras longitudinales, procurando un paso abierto. Un cortavientos revestido con tableros de madera contrachapada, dispuesto delante del portón arqueado completamente acristalado de la zona de estancia, marca la entrada a la vivienda a la vez que gana espacio para el comedor. Lunas sin marco de distintas dimensiones integradas en la construcción antepuesta crean una conexión visual entre el interior y el exterior. Las tejas de vidrio que salpican la cubierta de la entrada en disposición irregular iluminan esta zona.

Tras una pausa de cuatro años se reanudaron las obras de remodelación del edificio, complementando la primera sección con dos habitaciones, un baño y una amplia estancia. Un pasaje en la planta baja comunica ambas zonas. También aquí las construcciones realizadas son de madera o madera contrachapada. Las superficies de color marrón miel ofrecen un bello contraste con las paredes claras de piedra natural. Todas las medidas de rehabilitación respetan la construcción existente, que ha sido preservada y cuidadosamente complementada con arquitectura contemporánea.

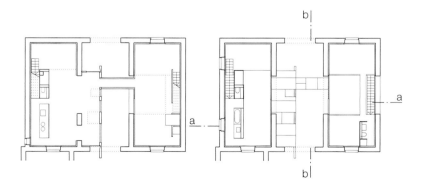

Plantas · Secciones
Escala 1:400

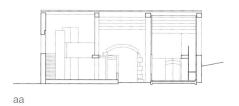

aa

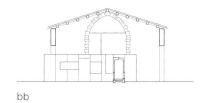

bb

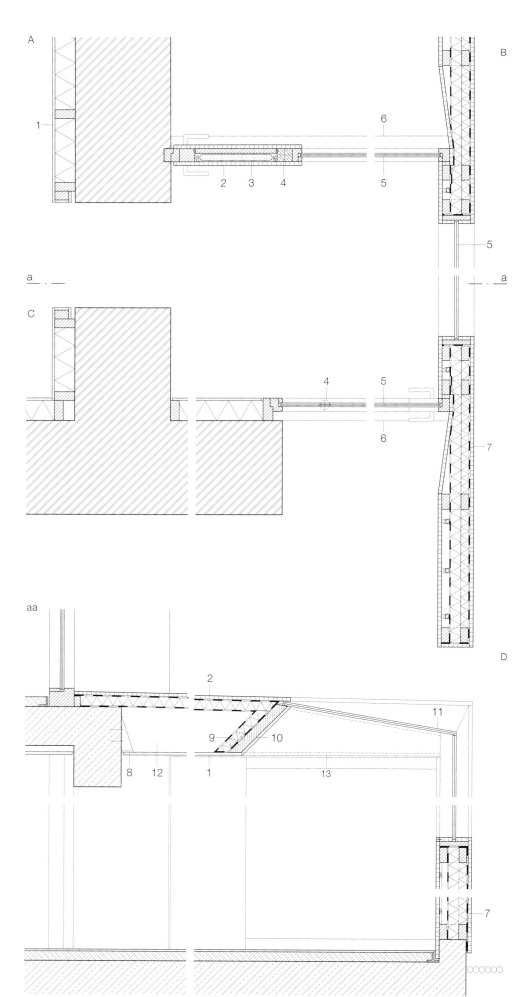

Plano parcial planta baja
Escala 1:200
Sección horizontal y sección vertical
Escala 1:20

 1 Revestimiento de cartón-yeso
 2 Tablero de madera con contrachapado de okume
 3 Hoja de puerta con relleno de arena como contrapeso
 4 Eje de giro de puerta
 5 Acristalamiento aislante
 6 Vista superior de peldaño de hormigón
 7 Construcción de pared:
   Tablero de madera con contrachapado de okume
   Impermeabilización
   Aislamiento entre montantes de madera
   Barrera de vapor
   Listones de madera con fijación de clip
   Tablero contrachapado de madera con fijación de clip, contrachapado de okume
 8 Cartela de viga
 9 Perfil L para fijación de 10 y 12
10 Viga de madera maciza
11 Vidrio laminado de seguridad 16 mm
12 Viga de cubierta
13 Soporte de luna de vidrio:
   Tablero de madera atornillado a 12, revestido de cartón-yeso

88

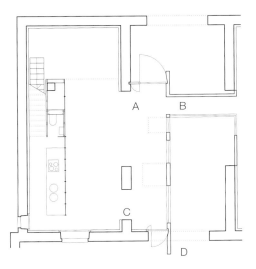

Ampliación de una casa en Múnich

Arquitectos: Lydia Haack + John Höpfner, Múnich

La idílica casita de los años 50, situada en una urbanización junto a un pequeño lago de Múnich, debía ser ampliada. Gracias a la edificación sobre el garaje existente se han ganado un comedor y una habitación de trabajo adicionales. La ampliación es una construcción ligera y luminosa que se abre a una terraza cubierta con pérgola: un lugar de estancia soleado con vistas excepcionales, provisto de protección acústica y contra el viento – lo que era sumamente importante, dada la exposición al ruido de la autopista cercana y las fuertes corrientes de aire en el lado oeste del jardín –.

La estructura portante de la ampliación consta de pilares de madera laminada 76/76 mm y vigas 76/120 mm que se unen con conectores de acero inoxidable en forma de cruz. Además de encontrar apoyo en la construcción existente, tableros de MDF de 10 mm de grosor resuelven la rigidización de la nueva construcción. Montados con una ranura perimetral, estos también conforman el cerramiento interior. La trama constructiva toma como referencia las aperturas de paramentos y ventanas de la casa. Gracias a estas referencias y las conexiones espaciales interiores, viejo y nuevo se funden en una unidad complementaria. La ampliación se une a la casa con un acristalamiento fijo sin marco de reducido diseño y marcado efecto, que actúa a la vez como lucernario. La envolvente de la casa cuenta con un alto nivel de aislamiento térmico y estanqueidad.

Una estantería cerrada con lunas de vidrio hace de elemento separador de espacios. Los contenedores dispuestos entre los pilares y los paramentos definen cada una de las zonas espaciales, sin llegar a separarlas completamente. Gracias a la ampliación, se ha creado un espacio fluido de estancia con generosas proporciones en la planta baja de la casa.

Secciones
Planta
Escala 1:250

1 Pasillo
2 Espacio de trabajo
3 Comedor
4 Terraza
5 Cocina
6 Salón

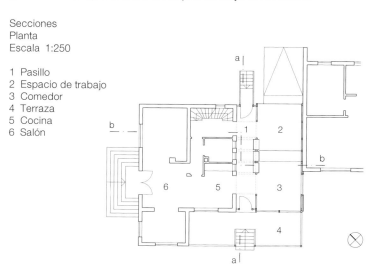

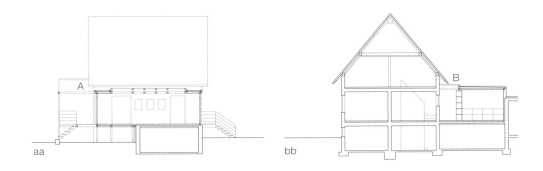

aa   bb

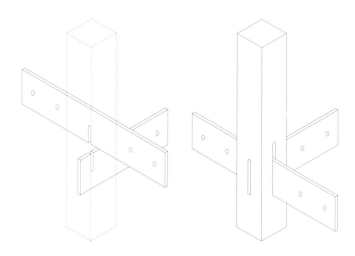

A

6   3   4

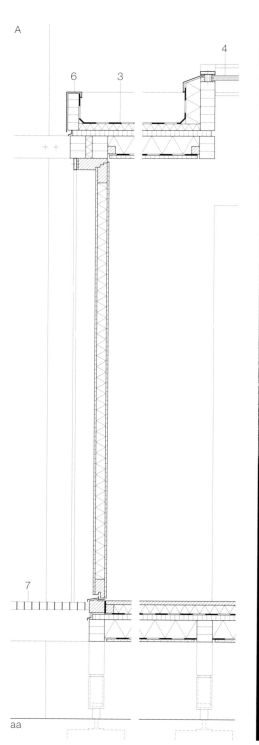

7

aa

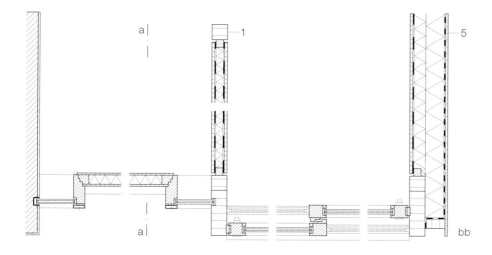

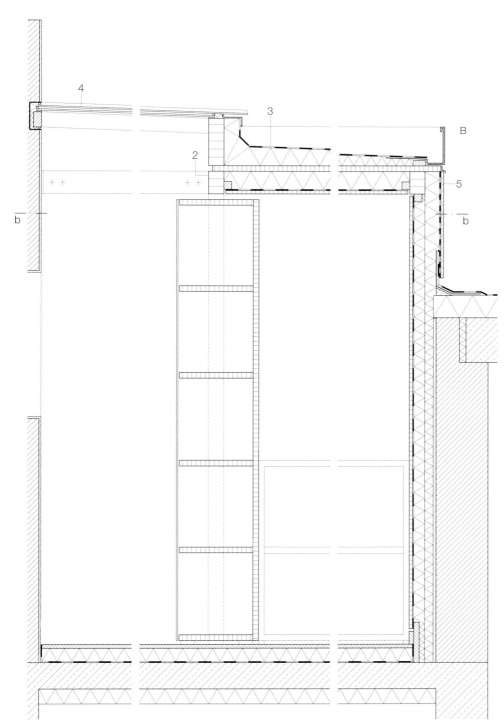

Sección horizontal
Secciones verticales
Escala 1:20

Detalle de unión
Viga/pilar
Escala 1:5

1 Pilar de madera laminada 76/76 mm
2 Viga de madera laminada 76/200 mm
3 Construcción de cubierta:
   Estera de protección
   Lámina de impermeabilización
   Aislamiento en pendiente mín. 30 mm
   Tablero de contrachapado 30 mm
   Aislamiento térmico 100 mm
   Barrera de vapor estanca a la difusión
   Tablero de MDF 10 mm, ranura perimetral
   10 mm
4 Acristalamiento aislante: vidrio templado 6 mm
   + cámara intermedia 12 mm + vidrio laminado
   de seguridad 8 mm
5 Construcción de pared:
   Placa de fibrocemento 10 mm,
   pintada de blanco
   Lámina estanca al viento y permeable a
   la difusión
   Aislamiento térmico 140 mm
   Barrera de vapor impermeable a la difusión
   Tablero de MDF 10 mm
6 Chapa de remate de zinc de titanio
7 Pavimento de terraza: emparrillado de
   acero galvanizado

Ampliación de una casa en Montrouge

Arquitectos: Fabienne Couvert & Guillaume Terver, París
IN SITU montréal, Montreal

La casa de un artista paisajista se encuentra en un terreno con nogales y limoneros a las afueras de París. La construcción existente de piedra calcárea, erigida a comienzos del siglo XX, apantalla la finca hacia la calle. La ampliación de dos construcciones cúbicas de madera se abre hacia el jardín protegido.

En la disposición de los espacios se quiso hacer la distinción entre zonas privadas, zonas semiprivadas y zonas accesibles para los visitantes. Por la entrada entre las dos construcciones, nueva y antigua, se llega al salón que se abre al jardín con un "escaparate" de grandes dimensiones. El taller del artista se halla directamente conectado a éste, así como el comedor dentro de la casa existente. Sobre el taller se encuentra una galería dormitorio, en la planta alta y planta ático de la antigua construcción se sitúan los dormitorios de los niños. Todos los materiales de acabado empleados se hallan presentes en la antigua construcción: parqué, azulejos, estuco y escaleras de madera, así como radiadores de fundición. Para acentuar la forma aditiva de la ampliación, se ha optado por el diseño diferenciado de ambos anexos: uno se halla provisto de una fachada de madera barnizada sin juntas de unión visibles, mientras que en el otro unos listones resaltan las juntas. Ambos anexos tienen en común la construcción de entramado de madera y la superficie oscura brillante de paredes y muebles empotrados. Tanto dentro como fuera destaca el uso de maderas exóticas, confiriendo uniformidad de diseño y fluidez espacial. Los grandes postigos abatibles, que cierran los frentes acristalados de la planta baja, parecen muebles convertibles. Al abrirse, estos quedan enrasados en el muro exterior lateral de la construcción. Los paneles de madera giratorios, que sirven para oscurecer la galería dormitorio que se halla sobre el taller, reproducen este efecto en el interior del edificio.

Sección · Plantas
Escala 1:250

1 Comedor
2 Salón
3 Taller
4 Galería dormitorio
5 Habitación de los niños
6 Habitación de huéspedes

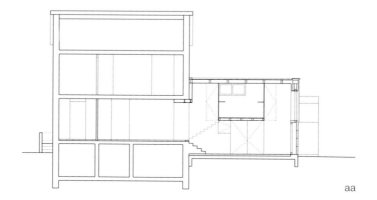

aa

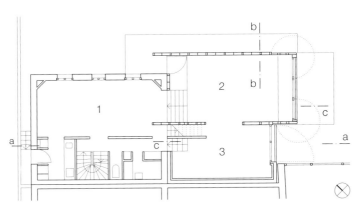

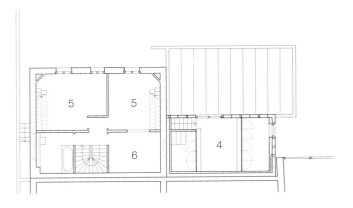

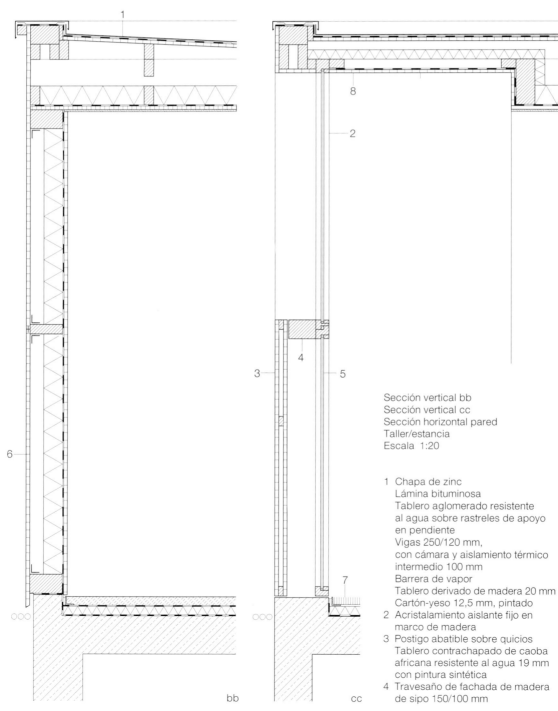

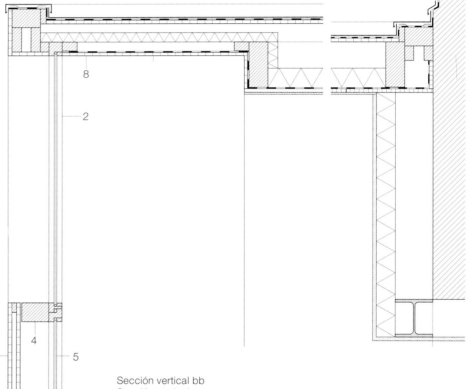

Sección vertical bb
Sección vertical cc
Sección horizontal pared
Taller/estancia
Escala 1:20

1 Chapa de zinc
  Lámina bituminosa
  Tablero aglomerado resistente
  al agua sobre rastreles de apoyo
  en pendiente
  Vigas 250/120 mm,
  con cámara y aislamiento térmico
  intermedio 100 mm
  Barrera de vapor
  Tablero derivado de madera 20 mm
  Cartón-yeso 12,5 mm, pintado
2 Acristalamiento aislante fijo en
  marco de madera
3 Postigo abatible sobre quicios
  Tablero contrachapado de caoba
  africana resistente al agua 19 mm
  con pintura sintética
4 Travesaño de fachada de madera
  de sipo 150/100 mm

5 Balconera con acristalamiento
  aislante
6 Tablero contrachapado de
  caoba africana resistente al
  agua 19 mm con pintura
  sintética
  Montantes 150/120 mm, con
  cámara y aislamiento térmico
  intermedio de espuma rígida
  Barrera de vapor
  Tableros de MDF 19 mm,
  emplastecidos y pintados
7 Felpudo
8 Tablero de madera microlaminada de sipo
9 Pared sin cámara de ventilación
10 Nicho para postigo abatible
11 Umbral de hormigón con
  sellado hidrófobo

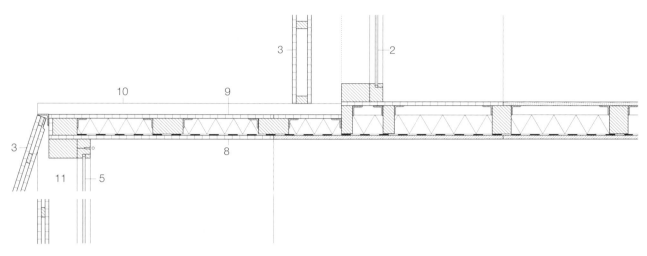

3   2
10   9
3
8
11   5

Casa junto al lago Starnberger

Arquitectos: Fink + Jocher, Múnich

Las antiguas casas de labor y villas erigidas desde mediados del siglo XIX caracterizan la imagen arquitectónica de la costa este del lago Starnberger. Entre ellas se encuentra una antigua casa de agricultores y pescadores, cuya zona de servicio en mal estado no podía ser transformada en superficie de vivienda. Por esa razón, en la reconversión se optó por la demolición de la parte delantera del edificio y su reconstrucción posterior. Los arquitectos se enfrentaron a la tarea de diseñar una construcción moderna consecuente, que guardara la forma exacta de la construcción precedente, así como su material y color. Para ello se reemplazaron las pequeñas ventanas de marcos blancos con postigos verdes plegables por generosas ventanas correderas con postigos correderos, que desaparecen completamente dentro del muro. Dependiendo de su posición, el aspecto de la fachada es plano o acentuado. El visitante descubre la verdadera cualidad de estas aperturas al ascender a la planta alta, donde domina la vista sobre el lago, que parece llegar hasta el edificio. La cubierta, una ligera y delgada lámina, une la reducida construcción nueva con la parte ya existente. Sólo utilizada hasta ahora como casa de verano, el edificio sirve de albergue de fin de semana a distintas familias. La distribución de las habitaciones es flexible: en la planta baja hay un cuarto de baño y tres pequeños espacios que pueden ser compartimentados mediante paredes correderas. En la planta alta, dos habitaciones grandes podrán convertirse en apartamentos, ofreciendo vistas sobre el lago. El nicho acristalado lleva la luz del día al pasillo y la caja de escaleras. El suelo de madera de roble tostado armoniza con el mobiliario oscuro y parcialmente antiguo de la casa de labor, contrastando con las blancas paredes de la ampliación.

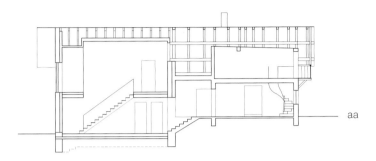

aa

Sección longitudinal
Planta baja
Planta alta
Escala 1:250

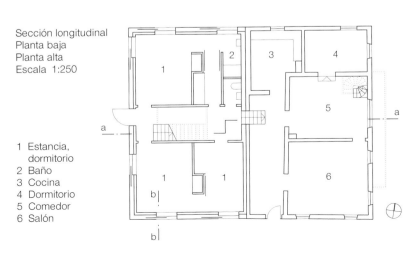

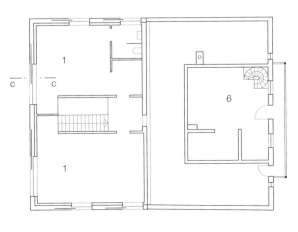

1 Estancia,
  dormitorio
2 Baño
3 Cocina
4 Dormitorio
5 Comedor
6 Salón

Sección vertical de fachada
Escala 1:20

1 Placas asfálticas polimerizadas
  Lámina bituminosa
  Entablado machihembrado 24 mm
  Cabrios 80/180 mm con aislamiento térmico intermedio
  de lana mineral 180 mm
  Rastrelado 30/50 mm con aislamiento térmico intermedio
  de lana mineral 30 mm
  Barrera de vapor
  Contrarrastrelado 30/50 mm
  Cartón-yeso 12,5 mm
2 Correa 100/120 mm
3 Tablero tricapa cara inferior barnizada de marrón 42 mm
4 Madera aserrada 100/120 mm
5 Entablado de madera de abeto cepillada, barnizada de
  marrón 27 mm
  Rastrelado y contrarrastrelado de madera aserrada
  100/120 mm
  Lamina estanca al viento
  Tablero de virutas orientadas de madera OSB 15 mm
  Construcción de entramado de madera 60/120 mm con
  aislamiento térmico intermedio de lana mineral 120 mm
  Barrera de vapor
  Tablero de virutas orientadas de madera OSB 15 mm
  Rastrelado 40/60 mm con cámara de
  instalaciones 40 mm
  Cartón-yeso 2x 12,5 mm
6 Postigos correderos de madera de abeto barnizada
  de marrón
7 Ventana corredera de madera con
  acristalamiento aislante
8 Canaleta de pluviales pegada con silicona
9 Gárgola
10 Rejilla antiinsectos
11 Parqué de madera de roble tostado 22 mm
  Suelo radiante 65 mm
  Capa de separación
  Aislamiento de ruido de impacto poliestireno 20 mm
  Tablero de virutas orientadas de madera OSB 25 mm
  Vigas de madera 140/200 con aislamiento térmico
  intermedio de lana mineral 120 mm
  Perfil omega 27 mm
  Placa de cartón-yeso 12,5 mm
12 Parqué de madera de roble tostado 22 mm
  Suelo radiante 65 mm
  Capa de separación
  Aislamiento de ruido de impacto poliestireno 20 mm
  Aislamiento térmico poliestireno 80 mm
  Capa de obturación
  Solera de hormigón armado 160 mm
  Mortero de nivelación 50 mm
  Lecho de grava 200 mm

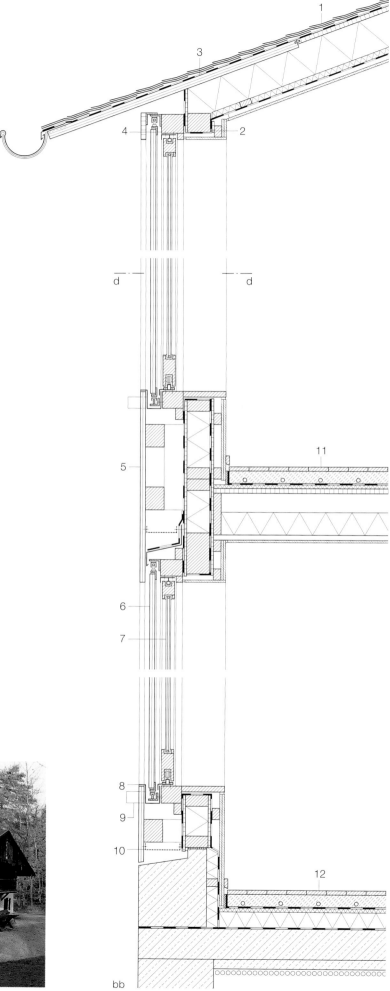

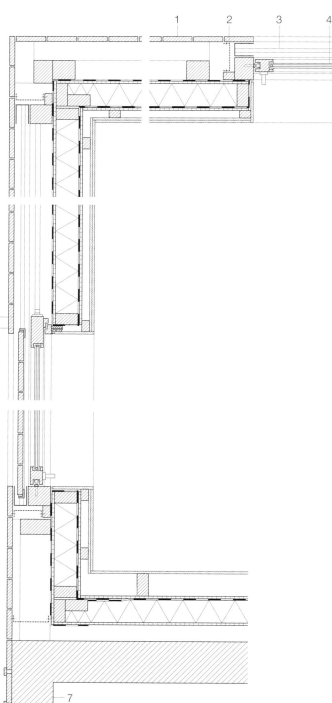

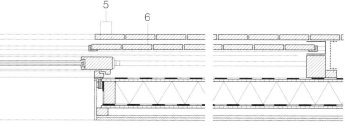

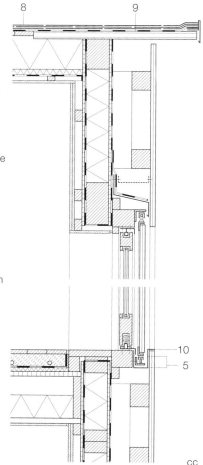

Sección horizontal de fachada
Sección vertical de fachada con
borde de cubierta
Escala 1:20

1 Entablado de madera de abeto cepillada, barnizada de marrón 27 mm
Rastrelado y contrarrastrelado de
madera aserrada 100/120 mm
Lámina estanca al viento
Tablero de virutas orientadas de
madera OSB 15 mm
Construcción de entramado de
madera 60/120 mm con aislamiento
térmico intermedio de lana mineral
120 mm
Barrera de vapor
Tablero de virutas orientadas de
madera OSB 15 mm
Rastrelado 40/60 mm con cámara de
instalaciones 40 mm
Cartón-yeso 2× 12,5 mm
2 Rejilla antiinsectos
3 Raíles sobre perfil L 60/40/5 mm
4 Ventana corredera de madera con
acristalamiento aislante
5 Gárgola
6 Postigo corredero de madera de
abeto barnizada de marrón 27 mm,
en bastidor de perfiles L 45/30/5 mm
7 Construcción existente
8 Placas asfálticas polimerizadas
Lámina bituminosa
Entablado machihembrado 24 mm
Cabrios 80/180 mm, aislamiento
térmico intermedio de lana mineral
180 mm
Rastrelado 30/50 mm, aislamiento
térmico intermedio de lana mineral
30 mm
Barrera de vapor
Contrarrastrelado 30/50 mm
Cartón-yeso 12,5 mm
9 Tablero tricapa 42 mm
10 Canaleta pegada con silicona

dd

cc

Ampliación de una casa en Remscheid

Arquitectos: Gerhard Kalhöfer, Stefan Korschildgen, Colonia

La pequeña casa se halla precedida de un jardín muy aprovechado. Los propietarios que habitaban la planta baja de la casa existente desearon una ampliación de la superficie habitable y una conexión más estrecha con el jardín, hasta entonces sólo accesible desde la planta sótano a través de una escalera interna. De esta manera surgió un volumen de uso flexible, cuyo particular carácter quedaba resaltado por la selección de materiales. La silueta de la ampliación se corresponde exactamente con el anexo adyacente de los años 50. Una construcción de acero elevada sobre perfiles huecos rectangulares forma la estructura portante principal. Toda la construcción se puede desplazar sobre raíles en U gracias a unas ruedas industriales para cargas pesadas: la construcción se mueve hacia un lado en verano, para permitir el uso como terraza de la plataforma situada a igual altura. Su superficie consta de un emparrillado, lo que permite la iluminación del espacio inferior. Una estrecha escalera entre la antigua y la nueva construcción comunica la planta baja del edificio principal con el jardín; un acceso que también puede ser utilizado durante los meses de invierno. La envolvente del nuevo espacio consta de planchas onduladas transparentes de PVC duro con cámara de aire; las paredes interiores son construcciones de entramado de madera con aislamiento y revestimiento de madera contrachapada por ambos lados. Para evitar el sobrecalentamiento del espacio interior, se ha cubierto la envolvente de madera con una lámina reflectora con refuerzo de nylon. Las instalaciones eléctricas tendidas en la cámara intermedia quedan visibles tras las planchas onduladas. En caso de una reconversión, se podrá retirar fácilmente la sencilla estructura de entramado de madera, destinando la construcción a un invernadero o cualquier otro uso.

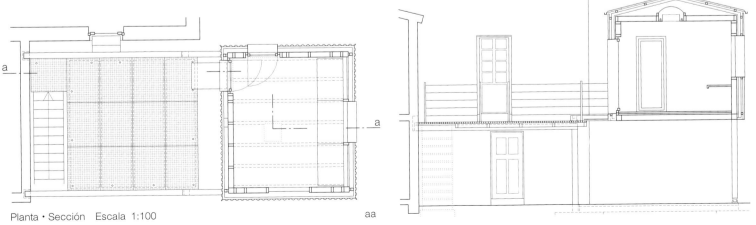

Planta · Sección   Escala 1:100   aa

Planta · Sección   Escala 1:20

1 Construcción de pared:
   Plancha ondulada de PVC duro 76/18 mm
   Perfil horizontal hueco de acero galvanizado
   ▯ 50/50/4 mm
   Perfil vertical hueco de acero galvanizado
   ▯ 70/70/4 mm
   Tejido reflector 1 mm
   Contrachapado de madera 10 mm barnizada
   Lámina estanca 0,8 mm hidrófoba
   Construcción de entramado de madera con
   aislamiento 140 mm
   Barrera de vapor lámina de polietileno 0,2 mm
   Contrachapado de madera 19 mm barnizada
2 Cerco chapa de zinc 0,8 mm
3 Claraboya de plexiglás claro
4 Luna de plexiglás mate
5 Tubo fluorescente
6 Cierre de claraboya
7 Lámina bituminosa con protección mineral y
   recubrimiento reflector
8 Baldosas de hormigón 40 mm sobre lámina
   de espuma
9 Puente chapa con textura de aluminio 4 mm,
   borde lateral alzado
10 Emparrillado 30 mm
11 Bastidor de perfiles huecos de acero
   150/150 mm
12 Ruedas para cargas pesadas sobre raíles
   en U montadas en perfiles huecos de acero
   150/150/7,1 mm
13 Barandilla de tubos redondos Ø 38 mm y
   cuerdas de nylon

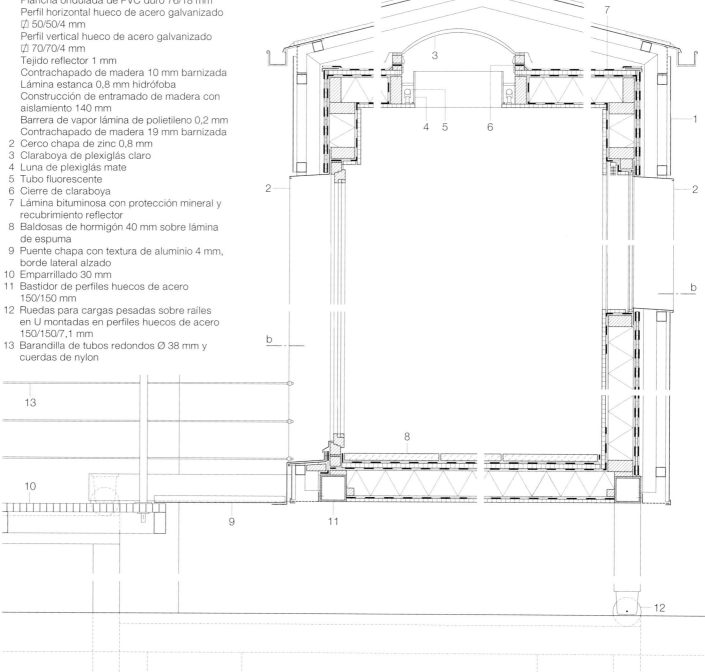

Parásito en Rotterdam

Arquitectos: Korteknie & Stuhlmacher, Rotterdam

Planta · Sección
Escala 1:400

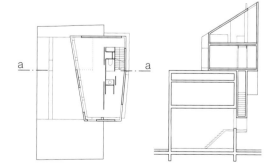

Un objeto muy singular ocupa la cubierta de la caja de ascensor del edificio del antiguo taller Las Palmas, situado en la zona portuaria de Rotterdam. La construcción de color verde manzana ha sido bautizada con el nombre de "Parasite" y es el primer ejemplar realizado del proyecto arquitectónico neerlandés de igual nombre – que, pese a sus reducidas dimensiones, sabe poner de manifiesto la exigencia de un tratamiento innovador del espacio urbano –.

Los "Parasites" son construcciones ligeras, móviles y de bajo coste, adecuadas para ubicaciones poco convencionales y emplazamientos urbanos aparentemente inutilizables, que aprovechan la infraestructura existente. El prototipo de estas construcciones debía marcar un nuevo acento sobre el antiguo edificio hospedante, ser económico, reciclable y ecológico. A estas condiciones se unían la capacidad portante del subsuelo, las grandes fuerzas del viento y los costes de grúa necesarios para el emplazamiento concreto sobre la cubierta del edificio. La construcción masiva de contrachapado de tablones de madera reúne todos los requisitos gracias a su escaso peso y su alto grado de prefabricación. Por otra parte, ésta permite grandes libertades, tanto en el diseño de la forma exterior como en la distribución de aperturas en la superficie. Los paneles de madera microlaminada impregnada, parcialmente pintada y provista de un recubrimiento de color, fueron prefabricados con distintos grosores, dependiendo de las características estructurales y de aislamiento deseadas. En sólo cuatro días se pudieron ensamblar *in situ* todos los elementos a la subestructura de acero previamente montada. A continuación, se conectó el parásito al sistema de suministro de agua y a la red eléctrica del antiguo taller mediante elementos de unión flexibles, para completar más tarde el equipamiento interior y los trabajos de acristalamiento. Las ventanas sin marco, que unas veces son grandes con vistas panorámicas sobre el paisaje portuario y otras veces son pequeñas y de disposición estudiada, confieren amplitud a la vivienda piloto – al contrario que en la caja de escaleras oscura del edificio hospedante, por la que se tiene acceso –.

El edificio Las Palmas, usado como centro cultural por la Ciudad de Rotterdam en 2001, coincidiendo con su Capitalidad Europea de la Cultura, sigue siendo aprovechado para la celebración de actos como la Bienal de Arquitectura. Tras el año de Rotterdam como Capital Cultural 2001, el parásito ha sido utilizado como oficina, lugar de reuniones y exposiciones, y seguirá siéndolo mientras permanezca incierto el futuro de su hospedante.

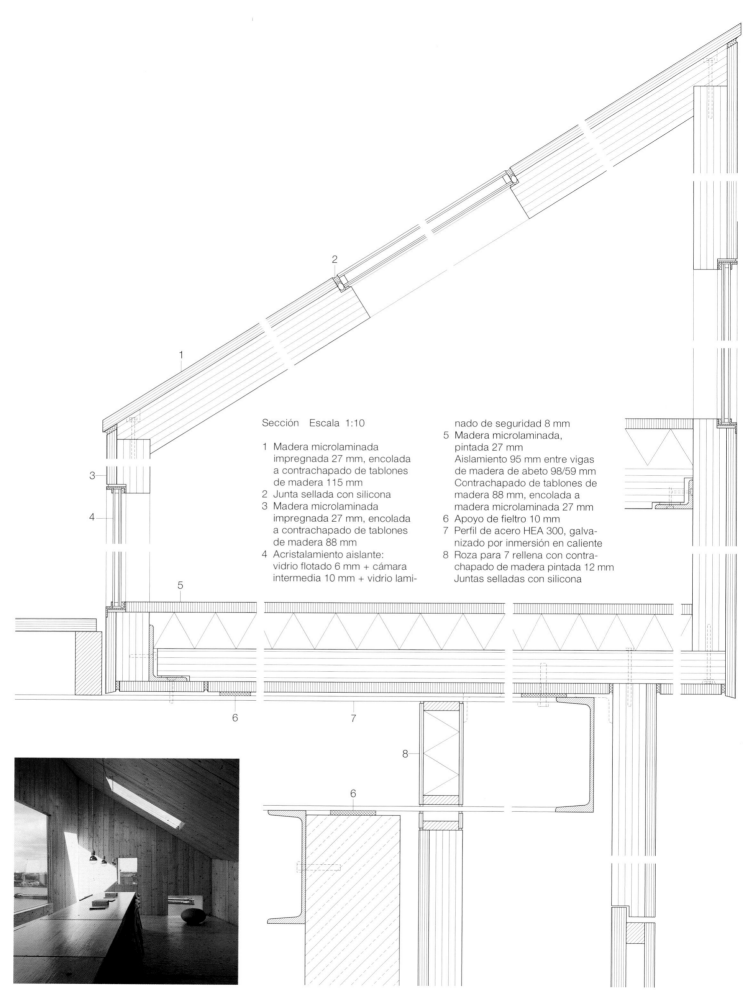

Sección   Escala 1:10

1 Madera microlaminada
  impregnada 27 mm, encolada
  a contrachapado de tablones
  de madera 115 mm
2 Junta sellada con silicona
3 Madera microlaminada
  impregnada 27 mm, encolada
  a contrachapado de tablones
  de madera 88 mm
4 Acristalamiento aislante:
  vidrio flotado 6 mm + cámara
  intermedia 10 mm + vidrio laminado de seguridad 8 mm
5 Madera microlaminada,
  pintada 27 mm
  Aislamiento 95 mm entre vigas
  de madera de abeto 98/59 mm
  Contrachapado de tablones de
  madera 88 mm, encolada a
  madera microlaminada 27 mm
6 Apoyo de fieltro 10 mm
7 Perfil de acero HEA 300, galvanizado por inmersión en caliente
8 Roza para 7 rellena con contrachapado de madera pintada 12 mm
  Juntas selladas con silicona

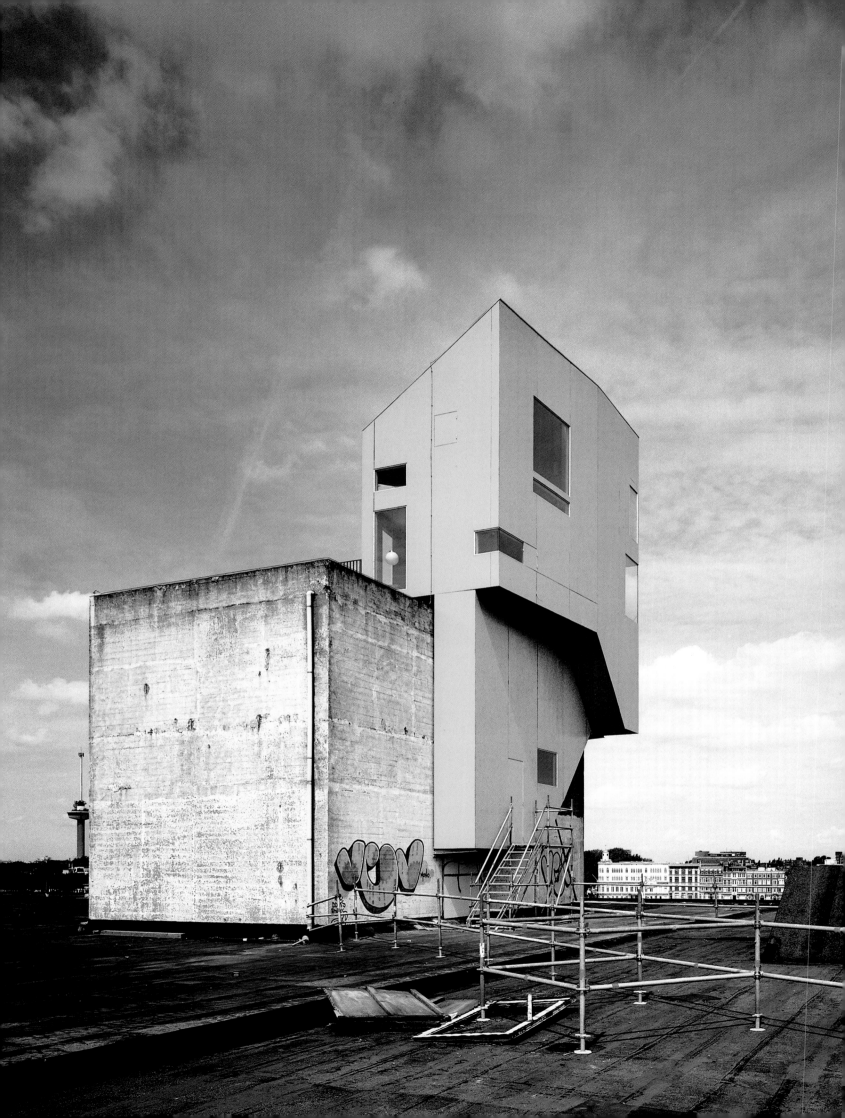

Restaurante en Oporto

Arquitectos: Guilherme Páris Couto, Oporto

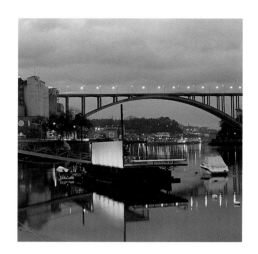

El río Duero nace en los Picos de Urbión, al norte de España. En su largo recorrido de casi 900 kilómetros, el Duero atraviesa áridos valles rocosos, paisajes abancalados de abundante vegetación, áreas vinícolas y olivares, hasta su desembocadura en el Atlántico, cerca de la ciudad portuguesa de Oporto. Aquí un proyecto de desarrollo urbanístico a largo plazo pretende revalorizar la franja a lo largo del río y revitalizar el espacio fluvial. Con medios sencillos se convirtió un viejo buque de transporte fuera de uso en un pequeño restaurante, cuya posición se mantiene gracias a dos mástiles de acero crudo anclados en el fondo del río.

Un puente de unión inclinado conduce al visitante desde la orilla hasta el interior del antiguo buque. El lado de acceso se halla cerrado por altos paneles que apantallan el ruido de la orilla y crean un espacio interior protegido. Los tres lados restantes se encuentran completamente acristalados con grandes elementos de apertura y ofrecen amplias vistas sobre el paisaje fluvial. El paso entre interior y exterior es fluido.

Sobre el barco pontonero se halla una plataforma con una estructura de acero y entablado de madera. Encima de ésta hay otro pequeño volumen cúbico de acero y vidrio que alberga un espacio comedor que se puede extender sobre la cubierta del buque cuando hace buen tiempo, a modo de terraza. La cubierta que protege este volumen reposa sobre paneles verticales y un único pilar de acero, pareciendo flotar libremente. Para los detalles, que parcialmente recuerdan a la construcción naval, se ha optado por la combinación de acero y vidrio con chapa de cobre, paneles de fibrocemento y oscura madera de kambala. Dos escaleras independientes comunican la cocina y los aseos donde antes se hallaba la antigua bodega del barco, bajo la plataforma.

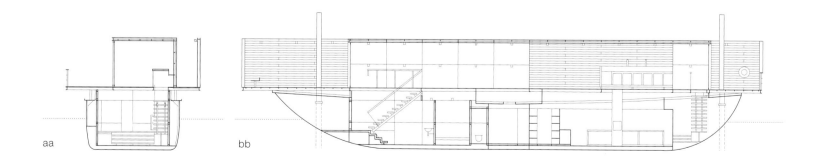

aa   bb

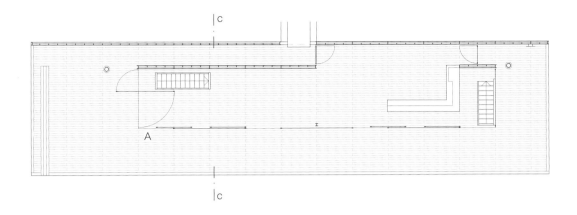

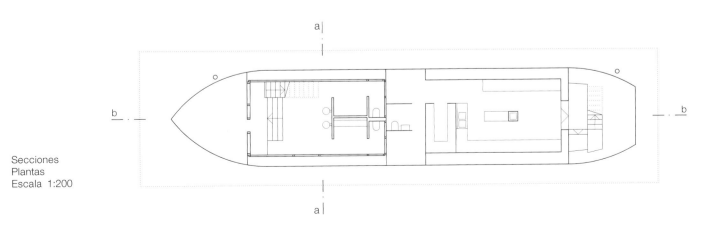

Secciones
Plantas
Escala 1:200

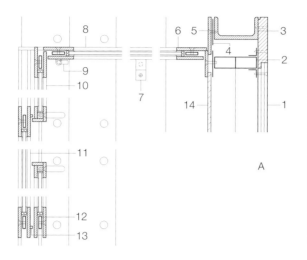

Sección horizontal
Sección vertical
Escala 1:10

A

1 Madera de kambala 25 mm	12 Tubo de acero ⊡ 40/15 mm
2 Tubo de acero ⊡ 60/30 mm	13 Perfil de acero 8/8 mm
3 Perfil de acero [120	14 Placa de fibrocemento 8 mm
4 Pletina de acero 70/5 mm	15 Revestimiento textil
5 Pletina de acero 100/8 mm	16 Perfil de acero [160
6 Pletina de acero 80/8 mm	17 Perfil de acero L 50/50/6 mm
7 Herraje pivotante	18 Perfil de acero L 30/30/5 mm
8 Hoja pivotante	19 Madera de kambala 40 mm
9 Cierre	20 Placa de fibrocemento 10 mm
10 Puerta corredera	21 Montante de madera 60/60 mm
11 Acristalamiento fijo	22 Chapa de cobre 0,8 mm

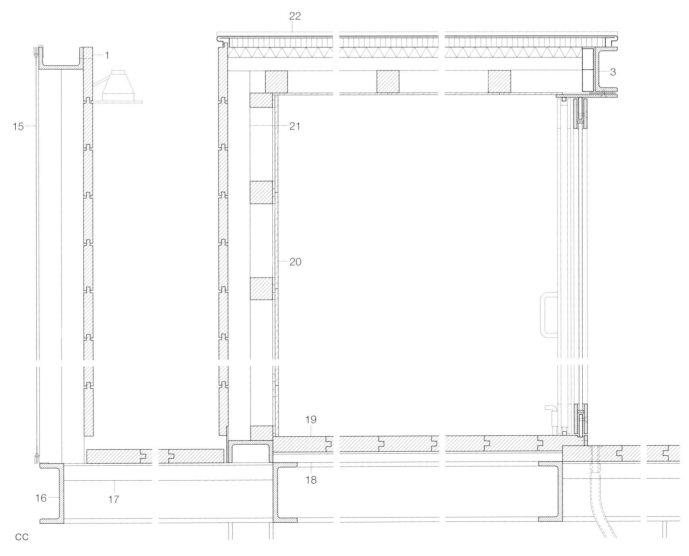

CC

Pabellón de té en Montemor-o-Velho

Arquitecto: João Mendes Ribeiro, Coimbra

Plano de situación
Escala 1:5000

1 Complejo del castillo
2 Iglesia
3 Paço das Infantas con pabellón de té

Visible desde la lejanía sobre una colina del interior de Portugal, se encuentra la ruina del castillo Montemor-o-Velho. Dentro de los restos del recinto amurallado del Paço das Infantas se levantó un pabellón de té, cuyo diseño obedece a un concepto de rehabilitación consecuente. La intervención en el complejo es a la vez discreta y notable. Discreta, porque el arquitecto dejó intactos los antiguos muros y conservó el estado del castillo; notable, porque el pabellón de té que se erigió en el centro del complejo contrasta con su geometría estricta y su clara materialidad con la tosca mampostería y las irregulares formas de los restos del castillo.

Para integrar el nuevo uso del Paço das Infantas, se crearon nuevos caminos y escaleras que conducen a la cima del muro, a los miradores y a una iglesia cercana. Todas las medidas constructivas – escaleras, bancos o el propio pabellón – se destacan por su materialidad y construcción del complejo existente. Esta diferenciación es parte del concepto: el contraste intencionado entre lo antiguo y lo nuevo acentúa el efecto escénico de la ruina, haciendo que la plataforma con el pabellón parezca flotar sobre el terreno. Una subconstrucción de perfiles de acero soporta la solera en voladizo de hormigón armado. La construcción del pabellón de té consta de una estructura sencilla de acero con cuatro pilares interiores, que permiten el libre diseño de la fachada. La transparencia de la fachada de vidrio resalta los elementos dominantes del volumen: dos superficies horizontales, plataforma y cubierta plana, se hallan unidas por un plano vertical con revestimiento de madera, que sirve para separar la zona de servicio del espacio para los huéspedes. En este plano se repite el motivo de las superficies horizontales en voladizo con un pasaplatos que sobresale de la pared.

116

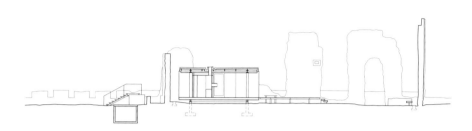

Sección • Planta
Escala 1:400

4 Escalera al muro del castillo
5 Sótano para instalaciones técnicas
6 Cocina
7 Sala de té
8 Terraza
9 Iluminación
10 Banco
11 Escalera al mirador
12 Camino a la iglesia

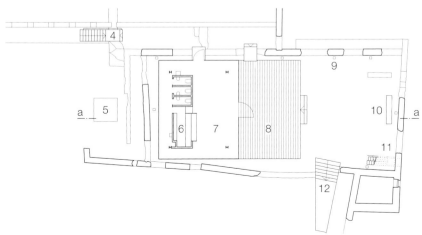

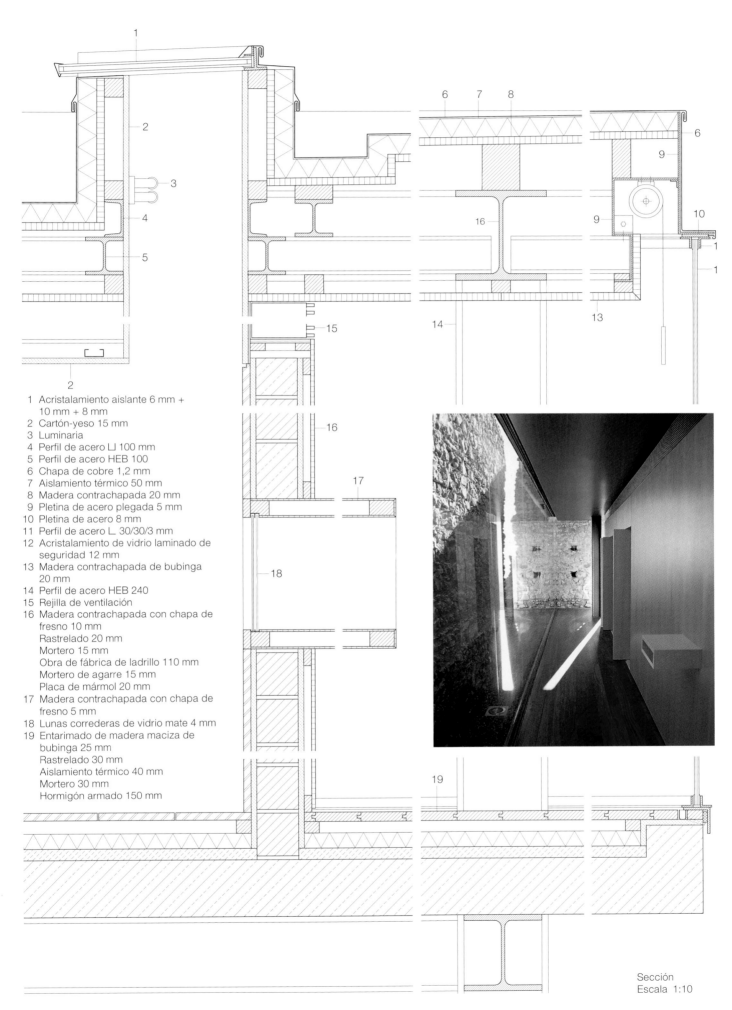

1 Acristalamiento aislante 6 mm + 10 mm + 8 mm
2 Cartón-yeso 15 mm
3 Luminaria
4 Perfil de acero LJ 100 mm
5 Perfil de acero HEB 100
6 Chapa de cobre 1,2 mm
7 Aislamiento térmico 50 mm
8 Madera contrachapada 20 mm
9 Pletina de acero plegada 5 mm
10 Pletina de acero 8 mm
11 Perfil de acero L 30/30/3 mm
12 Acristalamiento de vidrio laminado de seguridad 12 mm
13 Madera contrachapada de bubinga 20 mm
14 Perfil de acero HEB 240
15 Rejilla de ventilación
16 Madera contrachapada con chapa de fresno 10 mm
   Rastrelado 20 mm
   Mortero 15 mm
   Obra de fábrica de ladrillo 110 mm
   Mortero de agarre 15 mm
   Placa de mármol 20 mm
17 Madera contrachapada con chapa de fresno 5 mm
18 Lunas correderas de vidrio mate 4 mm
19 Entarimado de madera maciza de bubinga 25 mm
   Rastrelado 30 mm
   Aislamiento térmico 40 mm
   Mortero 30 mm
   Hormigón armado 150 mm

Sección
Escala 1:10

Casas prefabricadas en Dresde

Arquitectos: Knerer & Lang, Dresde

En el núcleo del ensanche barroco de Dresde, frente al antiguo casco histórico de la ciudad, edificios prefabricados del tipo WBS 70 sustituyeron en la posguerra las construcciones existentes. En estos edificios de viviendas, que se extendían a lo largo de las alineaciones históricas, se emplearon elementos constructivos especialmente desarrollados entre los que contaban los antepechos de los balcones, construidos a partir de elementos prefabricados de hormigón y cuya superficie se hallaba revestida de mosaicos cerámicos de color marrón rojizo.

El deplorable estado de los antepechos de los balcones llevó al propietario del complejo, una cooperativa de viviendas, a emprender la completa rehabilitación de la fachada con balcones abiertos y miradores sin aislamiento térmico. Tras el derribo de las logias existentes se levantó una nueva construcción de acero delante de la fachada de las casas, similar a una estantería debido a las condiciones estructurales marco. Ésta reposa sobre apoyos y puntos de fijación de la construcción existente. Por razón de costes, los arquitectos trabajaron en lo posible con elementos prefabricados idénticos. Los paneles de los balcones son rejillas portantes premontadas con una altura de construcción de 30 cm. Los perfiles verticales ensamblados que forman los miradores no se encuentran soldados al resto de la construcción. Un acristalamiento de lamas de grandes dimensiones favorece la ventilación óptima de las logias, permitiendo renunciar al empleo de un sistema de protección solar adicional, gracias a que las lamas oblicuas reflejan buena parte de la luz. Puertas de vidrio sin marco forman el remate lateral de los miradores, mientras que unos emparrillados de madera sobre los forjados sándwich marcan un atractivo contraste con la construcción de acero y vidrio.

Plano de situación
Escala 1:5000

Planta tipo WBS 70 tras la
rehabilitación de la fachada
Escala 1:200

1 Estancia
2 Cocina
3 Dormitorio
4 Habitación de los niños
5 Baño
6 Mirador
7 Balcón

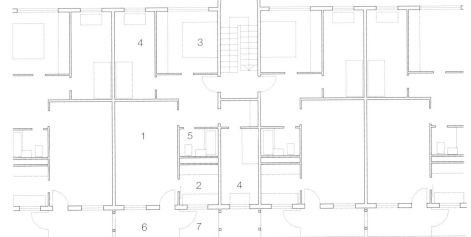

Planta · Sección · Alzado
Mirador y balcón
Escala 1:50

Sección horizontal
Sección vertical
Detalles
Escala 1:10

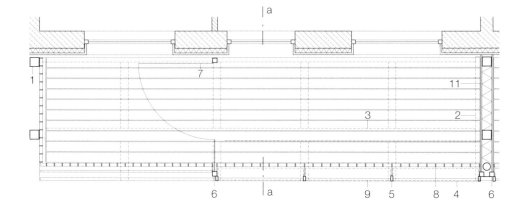

1 Pilar 120/120/4mm
2 Perfil de acero ⊔ 180
3 Perfil de acero HEA 180
4 Perfil de acero ⊔ 120
5 Tubo de acero 60/30 mm
6 Perfil de acero 50/50/4 mm con herraje de
   puerta o galce solado
7 Puerta de vidrio sin marco
8 Barandilla de pletina de acero 50/10 mm
9 Lamas de vidrio grabado al ácido en zona
   de antepecho
10 Construcción de suelo:
   Entablado de madera 100/30 mm
   Rastrelado 46/26 mm
   Impermeabilización
   Panel sándwich 44 mm
   Aluminio/aislamiento/aluminio
11 Tabique de separación de placas de
   fibrocemento 12 mm
   Aislamiento 120 mm
   Placa de fibrocemento 12 mm
12 HEA 120

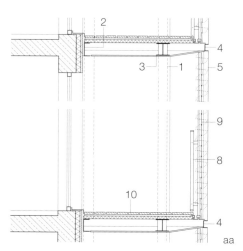

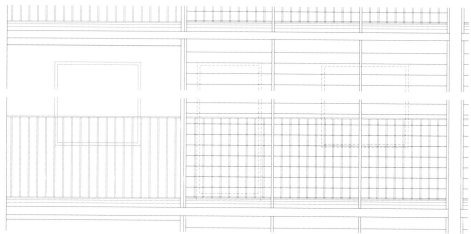

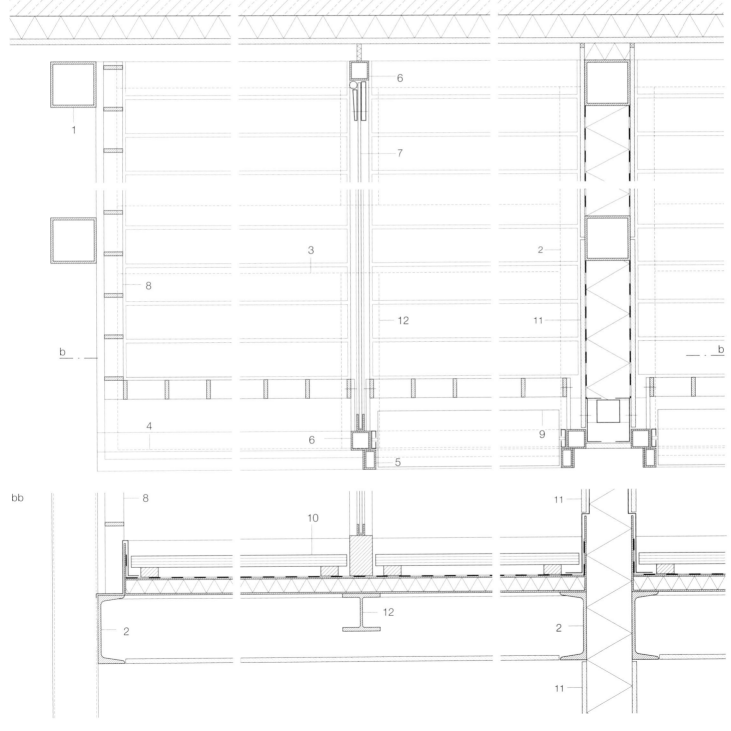

Complejo de viviendas en Chur

Arquitectos: Dieter Jüngling & Andreas Hagmann, Chur

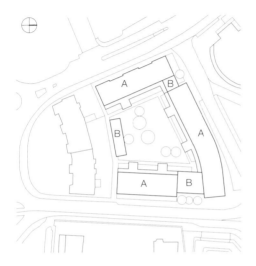

Tras su apariencia sencilla, la colonia de casas plurifamiliares "Tivoli" diseñada en 1942 atesora cierto valor urbanístico dentro del contexto espacial poco definido frente a la plaza de la estación de trenes de Chur, la capital del Cantón de los Grisones. Las siete casas agrupadas en grupos de dos y tres bloques guardan el trazado de la calle e insinúan una edificación en borde de manzana. Sus viviendas de reducida superficie ya no se correspondían con el estándar moderno, lo que dificultaba su arrendamiento. Por ese motivo, se decidió adaptar las plantas de las viviendas a las necesidades actuales y modernizar la construcción de las cajas de escaleras, que ya no cumplían con los estándares de la legislación vigente.
Dada la céntrica ubicación de la colonia, resultaba adecuado integrar superficies comerciales y de oficina, optimizando además el aprovechamiento del solar. Eso llevó a una cuidadosa rehabilitación del edificio existente. Por otra parte, los arquitectos complementaron los tres edificios aislados con volúmenes intermedios retranqueados, fundiéndolos en un conjunto.
La edificación en manzana cerrada integra un patio interior ajardinado. La construcción exenta de las cajas de escalera permitió ganar un espacio adicional. El edificio presenta un aspecto radicalmente nuevo hacia el patio, con una segunda capa antepuesta a la fachada original en forma de logias. Las terrazas continuas completamente acristaladas no sólo extienden las viviendas, sino que, además de ofrecer una mayor calidad de vida, permiten dotar a la antigua fachada de una capa de aislamiento exterior, que convierte la construcción antepuesta en una zona de regulación climática. De esta manera se ha conseguido mejorar el balance energético del compacto volumen, revalorizando visiblemente la colonia residencial.

Plano de situación Escala 1:2000
A Existente
B Nuevo

Planta antes de la rehabilitación
Plantas después de la rehabilitación
Escala 1:500

1 Estancia
2 Dormitorio
3 Cocina
4 Oficinas
5 Logia
6 Banco

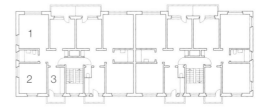

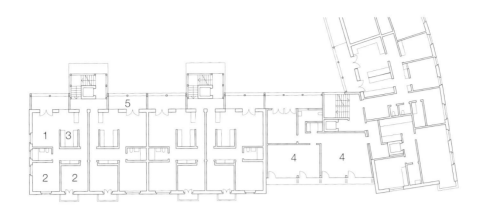

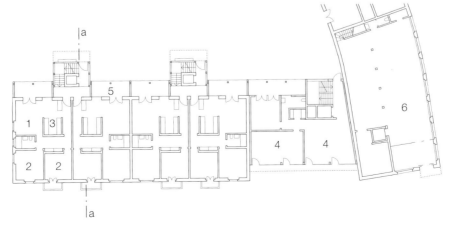

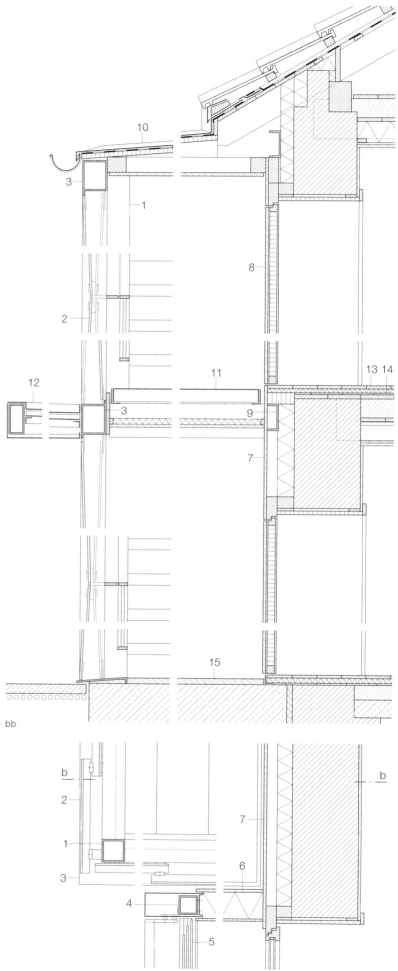

bb

Torre de escaleras hacia el patio
Construcción de logias hacia el patio

Secciones verticales
Secciones horizontales
Escala 1:20

1 Tubo de acero ⊡ 120/120 mm
2 Lamas de vidrio templado 10 mm con
   fijaciones puntuales 115/50/5 mm
3 Tubo de acero ⊡ 160/120 mm
4 Tubo de acero ⊡ 100/100 mm,
   Revestimiento chapa de aluminio 2 mm
5 Elemento corredero vidrio templado 10 mm
6 Tablero aglomerado de madera con
   aglutinante de cemento 16 mm
   Aislamiento térmico 140 mm
   Contrachapado de madera 12 mm
7 Tablero aglomerado de madera con
   aglutinante de cemento 16 mm
   Tubo de acero ⊡ 120/60 mm
   Aislamiento térmico 80 mm
   Obra de fábrica 350–410 mm (existente)
   Enlucido 15 mm
8 Hoja de puerta, tablero aglomerado con
   aglutinante de cemento 16 mm
9 Perfil de acero ⌐ 140/60 mm
10 Cubierta de cobre con junta alzada
    Lámina bituminosa
    Tablero tricapa 27 mm
    Viga de madera 100/80 mm
    Tablero aglomerado con aglutinante de
    cemento 16 mm
11 Chapa perfilada plegada 5–7 mm
    Marco de perfil de acero ⌐ 100/50 mm
    Tubo de acero ⊡ 180/100 mm
    Cámara con aislamiento 30 mm
    Tablero aglomerado con aglutinante de
    cemento 16 mm
12 Revestimiento de chapa de acero 2 mm
    con recubrimiento sintético líquido
    Chapa grecada 30 mm
    Marco de perfil de acero ⌐ 30/30 mm
    Tubo de acero ⊡ 160/80 mm
13 Parqué de roble 13 mm, fieltro 2 mm con
    aislamiento de ruido de impacto 16 mm
14 Construcción de suelo (existente):
    Parqué de madera de haya 9 mm
    Entablado de madera de abeto 21 mm
    Vigas de madera 120/220 mm con relleno
    100 mm en cámara intermedia
    Falso piso de madera de abeto 21 mm
    Placa de yeso 24 mm, enlucido 28 mm
15 Mortero de hormigón duro 30 mm
    Hormigón armado 250 mm
16 Postigos, marco de abeto 32/48 mm,
    Relleno de contrachapado de madera con
    recubrimiento de resina fenólica 12 mm
17 Ventana de madera de abeto 65 mm con
    acristalamiento aislante
18 Pletina 50/15 mm y tubos de acero Ø 15 mm
19 Elemento corredero de vidrio templado
    10 mm en raíles de aluminio
20 Contrachapado de madera 12 mm
    Tubo de acero ⊡ 120/60 mm
    Aislamiento térmico 80 mm
    Obra de fábrica 350–410 mm (existente)
    Enlucido 15 mm
21 Contrachapado de madera 12 mm
    Aislamiento térmico 140 mm
    Tablero aglomerado con aglutinante de
    cemento 16 mm
22 Contrachapado 15 mm, entablado 24 mm
    Vigas de madera 80/171 mm con perfil de
    acero I 120 mm
    Rastrelado 80/30 mm, aislamiento térmico
    30 mm
    Contrachapado de madera 12 mm
23 Chapa de acero plegada 6 mm
24 Zócalo de hormigón armado fratasado fino

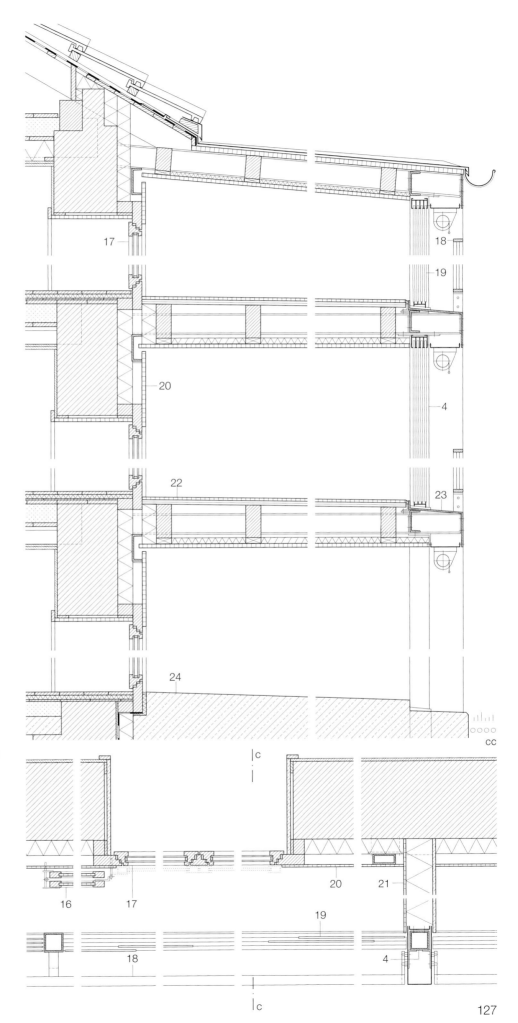

Galería comercial en Sassuolo

Arquitectos: Guido Canali & Mimma Caldarola, Parma

La pequeña localidad italiana de Sassuolo ha sido desde finales del siglo XVI segunda residencia de los Duques de Este, lo que motivó la construcción de edificios y plazas de inusual tamaño. En una de esas fincas se erigió una escuela a comienzos del siglo pasado. En el curso de la rehabilitación del núcleo urbano se debía destinar la superficie del ya deteriorado edificio a un nuevo uso.

Los arquitectos optaron por conservar sólo parte de la fachada a la calle con más de 110 metros de longitud, disponiendo cuatro elementos acristalados con la misma altura del edificio en los espacios intermedios, a fin de permitir las vistas y el acceso a la vida interior del nuevo bloque. Paralelamente a la fachada fragmentada, que recibió una nueva espina dorsal de espacios de cinco metros de profundidad, discurre el eje principal cubierto. En ángulo recto a éste, hay cuatro pasajes y patios ajardinados entre los nuevos volúmenes, que albergan tiendas, oficinas y espacios del ayuntamiento adyacente.

Las caminerías se encuentran en los ejes de las nuevas fachadas acristaladas y atraviesan el solar, extendiéndose hacia la ciudad. En las plantas altas, este entramado de caminos queda completado por balcones y puentes suspendidos de vigas de acero, que sirven a la cubierta de vidrio como estructura portante. Un perfil exterior de acero continuo en el peto entrelaza los distintos volúmenes y acentúa la altura uniforme de los aleros de la antigua fachada y de los nuevos elementos. Por otra parte, también los materiales elegidos para la intervención – ladrillo, acero y vidrio – se inspiran en la construcción histórica.

Secciones
Planta baja
Escala 1:1000

1 Fachada histórica
2 Entrada
3 Pasaje principal
4 Patio ajardinado
5 Ampliación del
  ayuntamiento
6 Acceso al garaje
  subterráneo

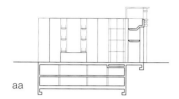

aa

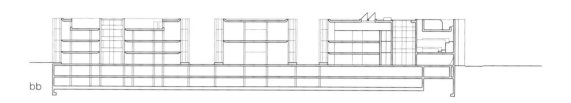

bb

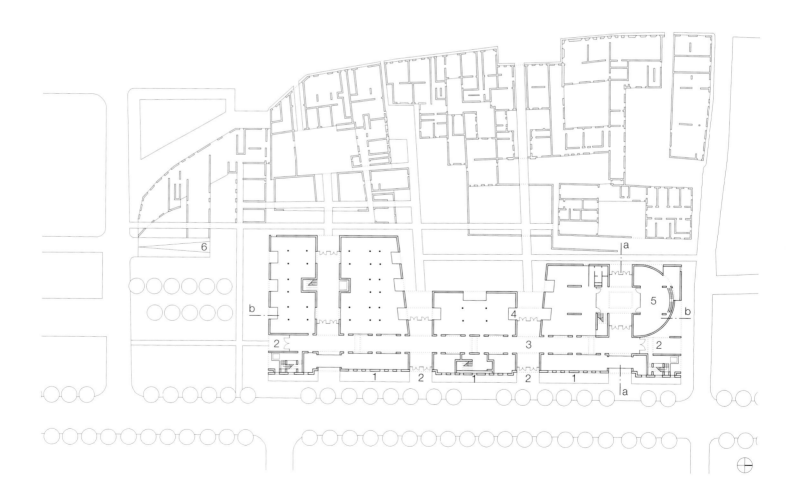

Sección vertical
Secciones horizontales
Escala 1:20

1 Acristalamiento aislante vidrio
  laminado de seguridad
2 Perfil de acero ⨆ 200/600/20 mm
3 Dispositivo tensor de acero
  inoxidable
4 Suspensión barra de acero
  Ø 35 mm
5 Pletina de acero ⊡ 80/15 mm
6 Piedra natural 30 mm
7 Pletina de acero ⊡ 200/25 mm
8 Perfil de acero ⨆ 100/200/15 mm

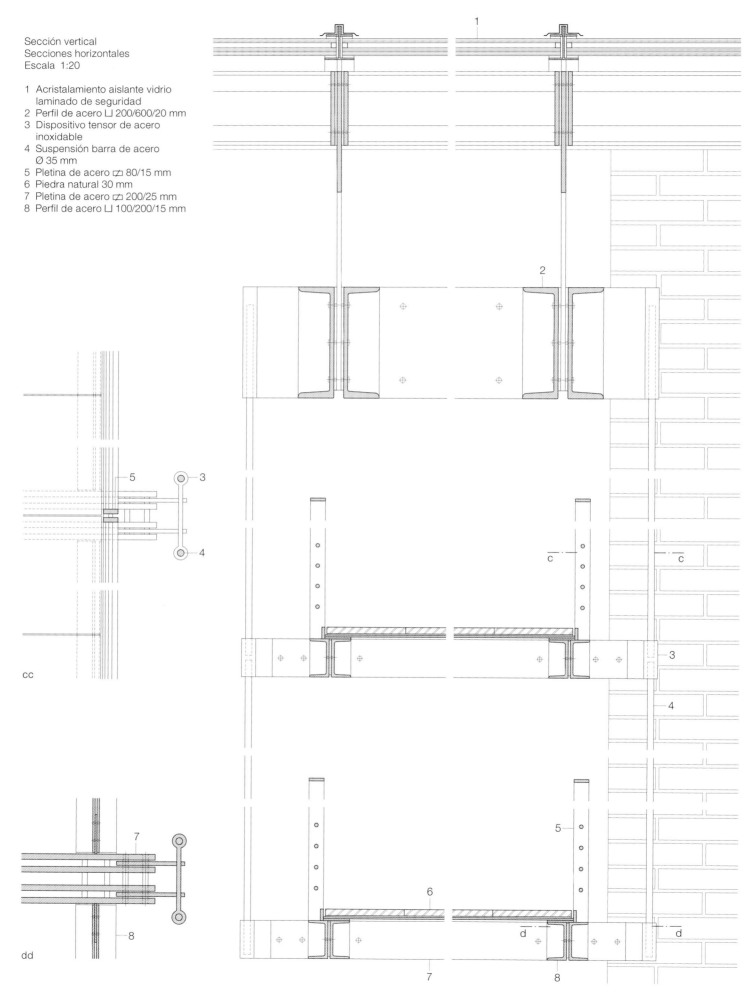

cc

dd

132

Reaseguradora en Múnich

Arquitectos: Baumschlager & Eberle, Vaduz

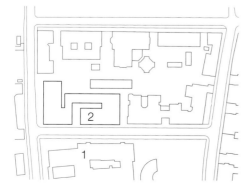

La fachada de vidrio imbricado presenta un brillo verdoso durante el día y refleja el edificio principal de la empresa reaseguradora Münchener Rückversicherung que se encuentra enfrente. Ésta tiene su sede central en Múnich-Schwabing desde 1913, en un edificio declarado monumento histórico. El barrio muniqués se caracteriza por edificios en disposición aislada y con patios traseros abiertos a la calle. Entre las casas vecinas con ostentosos adornos de estuco, se encuentra un edificio aparentemente nuevo. Quien no conozca su historia apenas podrá imaginar que se trata de un edificio típico de los años 70. El estudio muniqués Maurer, Denk & Mauder diseñó un edificio para la reaseguradora, que originalmente debía ser alquilado. Sin embargo, ya durante la fase de construcción no resultaban suficientes los espacios de oficina en la central. De esta manera, el propietario decidió ocupar él mismo la nueva construcción. Como enlace con el antiguo edificio se construyó un puente de aluminio sobre la calle. La planta baja del edificio de cinco alturas se elevaba parcialmente: su forma alargada y aspecto exterior, marcado por paneles de hormigón lavado, se destacaban claramente del entorno. A comienzos de 1998 se hizo necesaria una drástica reforma de las condiciones laborales y estándares medioambientales. Pasillos y oficinas, estrechos y oscuros, no ofrecían un entorno laboral moderno. La reaseguradora decidió llevar a cabo una remodelación, dado que el complejo de oficinas existente resultaba poco rentable y muy costoso, teniendo en cuenta los estándares energéticos actuales. El proyecto de diseño de Baumschlager & Eberle rompe la forma alargada del edificio e intenta ajustarse a las proporciones de las edificaciones vecinas. En lugar de un completo derribo y nueva construcción, se llevó acabo una especie de "reciclaje de la estructura portante original": más del 50 % de la construcción existente pudo ser reaprovechada, como la estructura y las plantas sótano. Algunos forjados fueron desmantelados y la oscura zona central del edificio alargado tripartito de hormigón armado fue transformada en un patio interior angular abierto. Los antiguos forjados de hormigón fueron empleados como masa de inercia térmica, integrándose en el complejo concepto técnico de instalaciones y climatización. Para su comprobación, se construyó un edificio piloto que debía servir como objeto de ensayo. El edificio actual consume sólo un cuarto de la energía que la construcción anterior. Dos volúmenes menores de forma orgánica reemplazan la antigua planta ático, ligeramente retranqueados sobre la cubierta transitable y parcialmente ajardinada. Aquí se encuentran los espacios de conferencia y oficinas de dirección. Mientras que las calles del barrio quedan a menudo despobladas de gente, los túneles

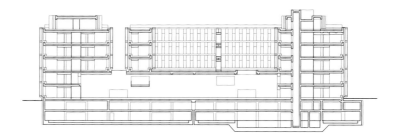

subterráneos que comunican los edificios de la reaseguradora parecen concurridos hormigueros. Uno de esos túneles conduce al edificio principal, sustituyendo el puente de aluminio demolido. Los pasadizos con instalaciones luminosas diseñadas por Keith Sonnier y James Turrell conectan otros edificios de la empresa dispersos por todo el barrio. Tras el complejo de oficinas se ha erigido un edificio alargado de dos plantas, que alberga la central de correo, material y suministros. En el lado sur, una ampliación angular acentúa la situación en esquina. La profundidad del edificio ha aumentado un cuarto con la extensión de la estructura portante. Aunque la trama constructiva no pudo ser modificada, se ha conseguido optimizar la calidad de trabajo en los despachos individuales: las conexiones visuales hacia el exterior o hacia el patio interior cubierto de musgo proporcionan una atmósfera de trabajo agradable, mientras las separaciones translúcidas hacia el pasillo y el aumento de elementos transparentes de fachada al 80 % permiten la entrada de abundante luz natural. La fachada de vidrio de doble hoja forma parte del concepto de bajo consumo energético. Los elementos de antepecho en voladizo, que marcan la articulación horizontal de la fachada a modo de cornisas, portan la hoja exterior compuesta por lunas de vidrio laminado de seguridad, fijadas en disposición oblicua. La hoja interior de la fachada de aluminio y vidrio cuenta con aislamiento triple y un dispositivo individual de accionamiento motriz.

Como en el diseño del túnel, un grupo de artistas participó desde el principio en las medidas de remodelación del edificio: en el vestíbulo de acceso, un nicho en la pared de 90 centímetros se abre cada hora para mostrar motivos de la naturaleza en pantallas que permanecen ocultas el resto del tiempo. La impresión de estrechez de la caja de escaleras desaparece ante las paredes de original diseño. Olafur Eliasson marcó la entrada con una pared vertical cubierta de musgo y acentuó los cantos de vidrio de la fachada mediante bandas luminosas verticales. La corriente necesaria es suministrada por una instalación fotovoltaica en la cubierta del edificio.

Los materiales de estudiado empleo, aluminio, acero, vidrio, madera de arce y piedra dolomita de Anröcht, destacan distintas partes del edificio: por ejemplo, el parqué de madera de arce de finas lamas que recubre el vestíbulo de entrada inunda el espacio de tonalidades marrones y rojizas. Esta madera se encuentra también en el exterior, donde la arboleda de arces norteamericanos da vida al patio. Sus hojas cambian de tonalidad al finalizar el verano, ofreciendo un otoñal espectáculo de color a los empleados de la empresa.

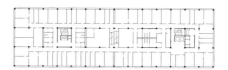

1 Entrada
2 Vestíbulo de entrada
3 Patio interior
4 Dirección
5 Sala de reuniones

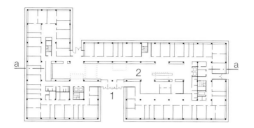

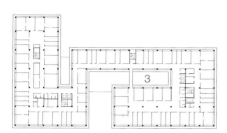

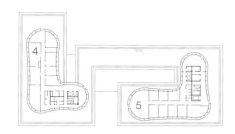

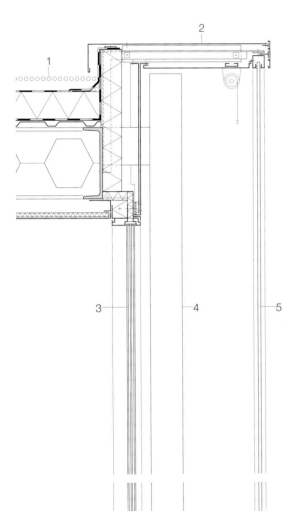

Sección vertical   Escala 1:20

1 Construcción de cubierta zona
  de Dirección:
  Capa de vegetación 80 mm
  Fieltro protector
  Lámina anti-raíces
  Lámina bituminosa de impermeabilización con polímeros
  Aislamiento térmico de
  poliuretano 140 mm
  Barrera de vapor
  Chapa grecada 35 mm en pendiente con chapa de nivelación
  Perfil Boyd 390 mm
  Falso techo 95 mm
2 Chapa de aluminio 3 mm con
  anodizado rojonegro y recubrimiento fonoabsorbente
3 Acristalamiento con protección
  térmica 6 + cámara intermedia
  12+ 6 + cámara intermedia
  12 + 6 mm
4 Pilar tubo de acero
  Ø 168,3/6,3 mm
5 Vidrio templado 15 mm

6 Losas de piedra natural en
  lecho de grava, piedra
  arenisca de Bärlach 60 mm
  Sustrato especial 140 mm
  Estera de caucho 15 mm
  Lámina anti-raíces
  Lámina bituminosa de impermeabilización con polímeros
  Aislamiento térmico de
  poliuretano 140 mm
  Barrera de vapor
  Hormigón en pendiente 90 mm
7 Vidrio laminado 21 mm
  Pasamanos acero inoxidable
8 Piedra natural dolomita de
  Anröcht 600/175 mm,
  fijada con dos anclajes de
  acero inoxidable Ø 76/5 mm
9 Vidrio laminado de seguridad
  2× 12 mm vidrio termoen-
  durecido
10 Protección solar textil
11 Ménsula con rotura de puente
   térmico

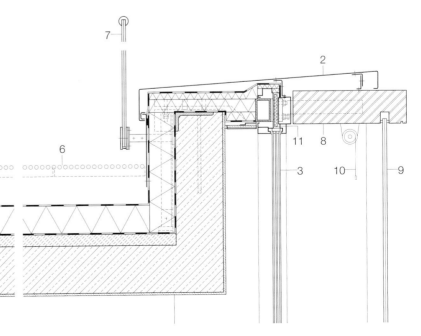

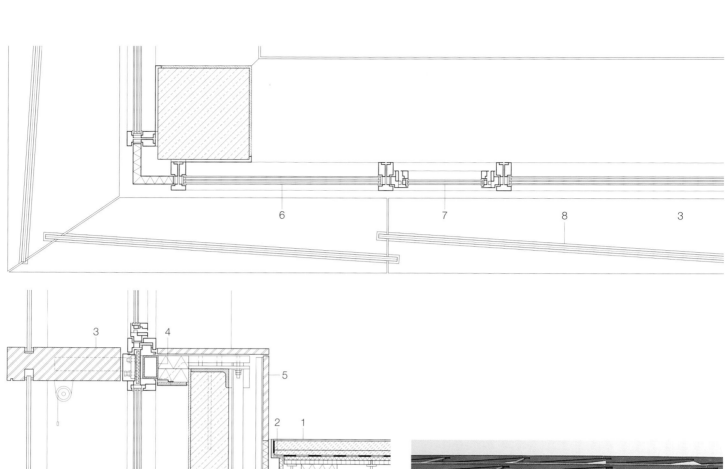

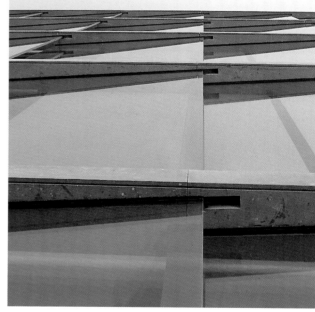

1 Parqué de lamas delgadas
de madera de arce 8 mm
Mortero de anhídrita 58 mm
Sistema radiante y refrigerante 30 mm
Aislamiento de ruido de
impacto 20 mm
Placas portantes 22 mm
Cámara 167 mm con
aislamiento 50 mm
Forjado de hormigón armado
230 mm enlucido (existente)
2 Salida de aire de impulsión
3 Piedra dolomita 600/175 mm,
fijada con dos anclajes de
acero inoxidable Ø 76/5 mm
4 Refuerzo de elemento,
tubo de acero galvanizado

120/80/4 mm con dos
fijaciones de pletina de
acero 40 mm
5 Piedra dolomita 30 mm
6 Elemento de aluminio anodizado, acristalamiento aislante
6 + cámara 12 + 6 + 12
cámara + 6 mm
7 Acristalamiento 6 + cámara
14 + 6 mm
8 Vidrio laminado de seguridad
de 2× 12 mm vidrio termo-
endurecido con elementos
de esquina 15 + 12 mm
9 Tubo fluorescente para
espacios húmedos
10 Zócalo piedra dolomita
40 mm

1 Construcción de pared en pasillo:
Contrachapado de arce canadiense
sobre madera contrachapada de abedul
15 mm perforada Ø 4 mm
Fieltro protector
Subconstrucción 40/20 mm con lana
mineral intermedia 20 mm
Tabique de separación con placas de
cartón-yeso a ambos lados 2x 12,5 mm,
lana mineral intermedia 50 mm
2 Construcción de forjado en pasillo:
Contrachapado de arce canadiense
sobre contrachapado de madera de
abedul 15 mm,
con perforationes Ø 4mm
Fieltro protector
Subconstrucción marco de madera 60/60
mm con lana mineral intermedia 60 mm
3 Tubos fluorescentes
4 Cortafuegos chapa de acero
5 Aire de retorno

6 Rociadores
7 Apertura de registro
8 Luminaria con salida de aire integrada
9 Pared de separación acristalada 6 +
cámara intermedia 88 + 8 mm
10 Construcción de suelo en pasillo:
Parqué de lamas delgadas de madera
de arce canadiense 8 mm
Mortero de anhídrita 58 mm
Placas para sistema de suelo radiante y
refrigerante (en zona de fachada) 30 mm
sobre capa de separación
Aislamiento de ruido de impacto 20 mm
Placas portantes de suelo técnico 22 mm
Cámara de doble suelo 167 mm
Aislamiento lana mineral con recubrimiento
50 mm
Forjado de hormigón armado 230 mm
(existente)
11 Bloque de aislamiento térmico con
remate de cartón-yeso por ambos lados

Sección horizontal
Sección vertical fachada
Sección vertical pasillo
Escala 1:20

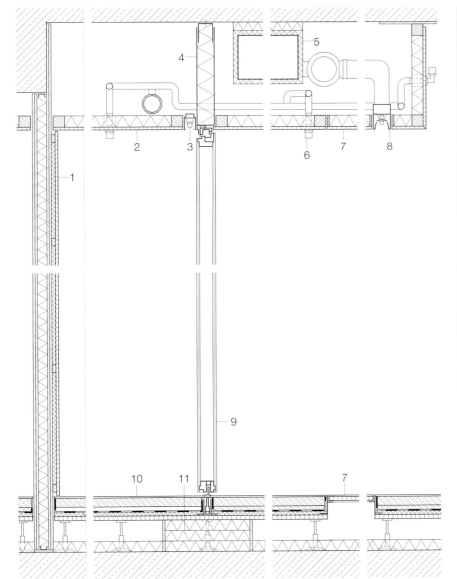

141

Sección vestíbulo de entrada
Escala 1:50

1 Toba cubierta de musgo
  Impermeabilización de cubierta, aislamiento
  térmico, barrera de vapor
  Forjado de hormigón 230 mm (existente)
  Contrarrastrelado con aislamiento acústico
  Revestimiento de falso techo parqué de lamas
  delgadas de madera con microperforaciones
2 Tragaluz 10 + cámara intermedia 13 + 6 +
  cámara intermedia 13 + 16 mm
3 Obturación perimetral estanca al aire
4 Techo luminoso cubierto
  con lámina sintética tensada
5 Puerta enrollable sistema cortafuegos
6 Antepecho vidrio laminado de seguridad
  20 mm

7 Parqué de lamas delgadas de
  madera sobre placa fonoabsorbente
  Tablero derivado de madera 20 mm,
  lana mineral 30 mm, lámina de polietileno
  Subconstrucción 60/80 mm
  Pared de cartón-yeso RF 30
  Armario con revestimiento de parqué de
  lamas delgadas de madera
8 Cortafuegos corredero 72 mm

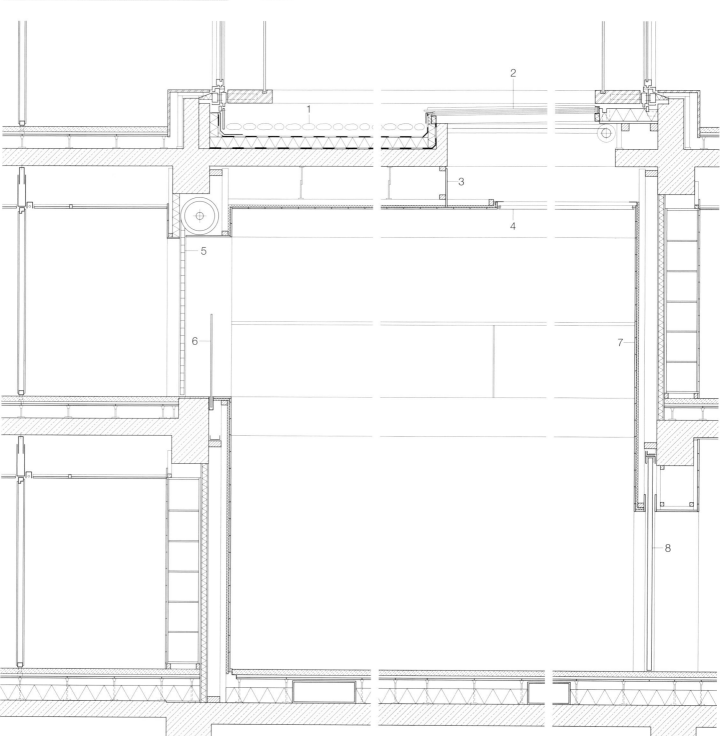

Museo Alf Lechner en Ingolstadt

Arquitectos: Fischer Architekten, Múnich

Una escultura da la bienvenida al visitante en la anteplaza del antiguo edificio industrial, sobre la que se extiende una alfombra de guijarros. La nave de los años 50 con cubierta en dientes de sierra, que hasta la rehabilitación se hallaba en un estado deplorable, se encuentra próxima al casco antiguo de la ciudad. El volumen, que formaba parte de un gran recinto industrial, estuvo primero destinado a la producción de vehículos y motocicletas, siendo más tarde aprovechado como taller, cantina, almacén de vestuario e incluso escenario de ensayos. Tras la adquisición del recinto por la fundación de un museo, los arquitectos lo transformaron con medios sencillos en un elegante edificio de exposiciones. La construcción aloja hoy los trabajos del escultor Alf Lechner y crea un lugar claramente definido e inconfundible para sus obras de arte, principalmente de acero. En el interior fue necesario despejar la estructura original para la rehabilitación del volumen. En la planta baja se han obtenido 1000 metros cuadrados para la exposición de esculturas de gran formato y cerca de 800 metros cuadrados para esculturas más pequeñas y dibujos en la planta alta, así como algunos espacios secundarios. Desde el lado norte, el visitante accede directamente a la colección a través de una entrada de acero. El museo se abre como un escaparate: una construcción antepuesta de vidrio y acero de unos dos metros de profundidad reemplaza la fachada ciega y permite ver los objetos expuestos desde el exterior. La distribución queda oculta en las cajas de escalera interiores. En tres de sus lados, el volumen recibió una nueva fachada de aluminio: una envolvente plateada brillante, remachada con un preciso dibujo de juntas. En las esquinas del edificio, los paneles sándwich de aluminio presentan contornos nítidos. Detrás de ellos, una cámara de 25 centímetros de profundidad también aloja las bajantes pluviales de la cubierta en dientes de sierra. Mientras que puertas y portones se distinguen por el dibujo de sus juntas, las aperturas de ventilación y las ventanas de los espacios secundarios quedan ocultas tras la chapa de aluminio perforada, sin que nada perturbe el efecto del material y la claridad del volumen. Con el objeto de aprovechar los elementos constructivos para fines de calefacción, se han integrado unos tubos de calefacción en el zócalo de los muros exteriores, en la zona de la fachada de acero y vidrio, en la construcción del pavimento, así como en la estructura de hormigón armado interior. De conformidad con las autoridades locales, se ha prescindido del empleo de aislamiento exterior en los muros perimetrales. El tejado y los acristalamientos en dientes de sierra han sido renovados y provistos de aislamiento térmico. La silueta en dientes de sierra que sobresale de las fachadas longitudinales rectangulares acentúa la singular apariencia del volumen.

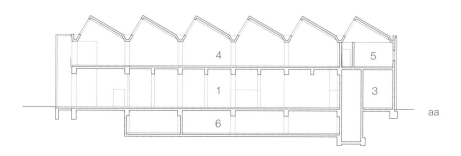

Plano de situación
Escala 1:3000
Sección • Planta
Escala 1:500

1 Esculturas grandes
2 Suministros
3 Depósito
4 Esculturas pequeñas/
  dibujos
5 Administración
6 Taller

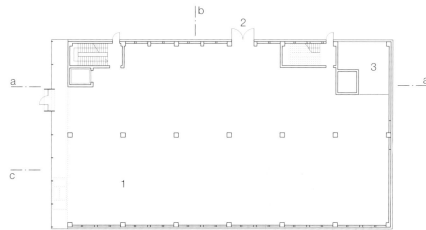

Sección vertical
Pared exterior
Escala 1:10

1 Impermeabilización en dientes de
  sierra lámina sintética
2 Bajante pluvial existente
3 Panel sándwich de aluminio
4 Perfil de aluminio extruido
5 Perfil intermedio de aluminio
  extruido
6 Perfil T de aluminio
7 Ventana cerrada (existente)
8 Calefacción tubo de cobre
  Ø 18/1 mm

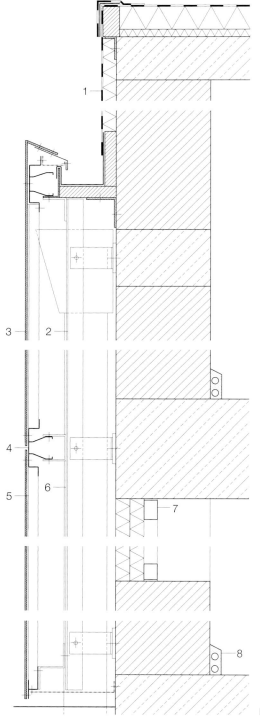

b

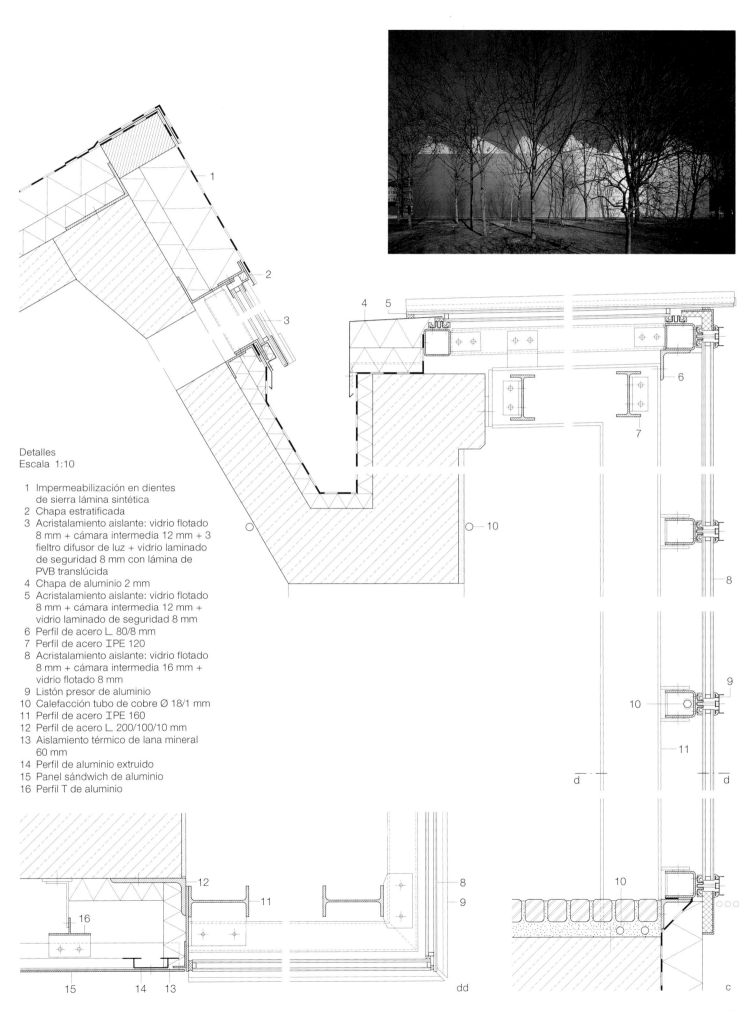

Detalles
Escala 1:10

1 Impermeabilización en dientes
 de sierra lámina sintética
2 Chapa estratificada
3 Acristalamiento aislante: vidrio flotado
 8 mm + cámara intermedia 12 mm + 3
 fieltro difusor de luz + vidrio laminado
 de seguridad 8 mm con lámina de
 PVB translúcida
4 Chapa de aluminio 2 mm
5 Acristalamiento aislante: vidrio flotado
 8 mm + cámara intermedia 12 mm +
 vidrio laminado de seguridad 8 mm
6 Perfil de acero L 80/8 mm
7 Perfil de acero IPE 120
8 Acristalamiento aislante: vidrio flotado
 8 mm + cámara intermedia 16 mm +
 vidrio flotado 8 mm
9 Listón presor de aluminio
10 Calefacción tubo de cobre Ø 18/1 mm
11 Perfil de acero IPE 160
12 Perfil de acero L 200/100/10 mm
13 Aislamiento térmico de lana mineral
 60 mm
14 Perfil de aluminio extruido
15 Panel sándwich de aluminio
16 Perfil T de aluminio

Tate Modern en Londres

Arquitectos: Herzog & de Meuron, Basilea

Exteriormente, la gigantesca construcción de ladrillo visto apenas ha cambiado de apariencia. Junto a las masas de visitantes que cruzan diariamente el puente del río Támesis para llegar al imponente edificio, sólo una gran caja de vidrio construida sobre la antigua edificación indica el nuevo uso. La gran caja se distingue como cuerpo luminoso en el nocturno cielo londinense, llevando durante el día la luz natural a los espacios de galería que se encuentran debajo y anunciando con grandes letras las exposiciones del momento a los visitantes que se acercan al museo.

El antiguo edificio, erigido entre 1947 y 1963 por el arquitecto Sir Giles Gilbert Scott, también famoso por el diseño de las rojas cabinas de teléfono londinenses, fue durante largo tiempo una de las centrales energéticas más grandes del país. En el barrio Southwark, uno de los más pobres de la capital, convivían en el pasado industria y viviendas en un espacio limitado. La chimenea, que durante años contaminó con sus gases de escape el aire del centro de la ciudad, no debía superar la altura de la cúpula de la Catedral de St. Paul, a la otra orilla del río. Con una altura de 93 metros y dispuesta en el eje central del edificio, la chimenea, cuya ubicación y forma no obedecen realmente a una lógica funcional, actúa como elemento de articulación vertical. El coloso de ladrillo de clara estructura se halla así en directo diálogo con la cúpula de la iglesia episcopal. El edificio está organizado en tres capas espaciales paralelas: la sala de calderas hacia el Támesis, las grandes turbinas en el centro del edificio y una sala al sur, que hoy día sigue albergando una subestación con transformadores que suministraban corriente a la ciudad. Trece años más tarde de su paralización en 1981 se convocó un concurso para la conversión de la central en el Tate Modern, en el que resultaron ganadores Herzog & de Meuron. En 2000 se inauguró el edificio de exposiciones tras tres años de remodelación.

Aunque vaciando casi completamente su interior, los arquitectos preservaron el carácter y la idiosincrasia del imponente volumen, así como su distribución tripartita. La barra de vidrio verdosa que reposa sobre la cubierta contrasta con la construcción existente, dominada por franjas verticales de ventanas y un lenguaje arquitectónico claro y consecuente. En el exterior del edificio, una inclinada rampa ancha se sumerge en el suelo y marca la entrada principal en la fachada oeste. Ésta conduce a la antigua sala de turbinas, que con sus casi 160 metros de longitud y 30 metros de altura, es ahora vestíbulo de entrada y superficie de presentación para instalaciones artísticas excepcionales. Sólo una pasarela central secciona el grandioso espacio. Ésta es el resto de la antigua losa de forjado que abarcaba originalmente toda la longitud del edificio. El puente conduce a

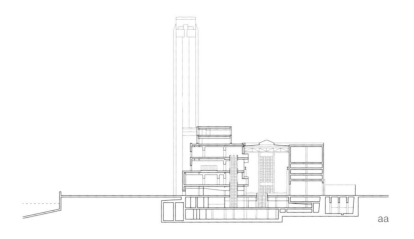

aa

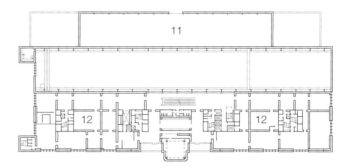

los espacios de exposiciones en la antigua sala de calderas y comunica éstos con el ala sur, que será rehabilitada algún día. La fachada es completamente ciega entre la estructura remachada de acero, mientras que en el otro lado de la planta de exposiciones unos miradores panorámicos sobresalen hacia la nave. Estos parecen cuerpos luminosos flotantes, que interrumpen los pilares de acero y muestran a los visitantes del museo que pasan por aquí en el recorrido de su visita. Se han vuelto a poner en servicio dos antiguas grúas de montaje para llevar los pesados objetos de arte a las galerías adyacentes. Los cerca de 14 000 metros cuadrados de superficie de exposición han sido organizados en tres plantas de galería y adaptados a las dimensiones y proporciones de los exponentes. Las obras de arte expuestas reunidas datan desde 1900 hasta nuestros días y se distribuyen en cuatro zonas temáticas: paisaje, naturaleza muerta, desnudos e historia; un tipo de presentación peculiar que no sigue ningún orden cronológico o por épocas de estilo. Muestras temporales completan la oferta de las exposiciones permanentes. Por las ventanas de enormes dimensiones llega la luz del día al interior del volumen. Unas bandas luminosas regulables empotradas en los falsos techos de cartón-yeso, que por su forma y luminancia apenas se diferencian de las de los tragaluces en la última planta, proporcionan luz adicional a los espacios. En la zona de exposiciones, el pavimento gris de cemento pulido es reemplazado por parqué de madera de roble sin tratar con rejillas de fundición para cubrir las salidas de aire. Sobre las galerías se halla el brazo de vidrio que, además de las instalaciones técnicas del edificio, alberga un restaurante con vistas panorámicas, donde el visitante podrá contemplar toda la ciudad al finalizar su recorrido por el museo: desde el Millenniumbridge de Foster hasta la Catedral de St. Paul.

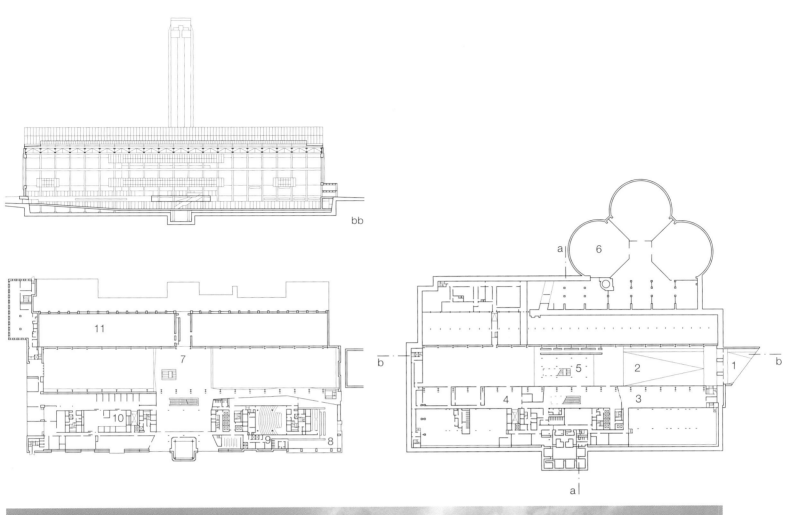

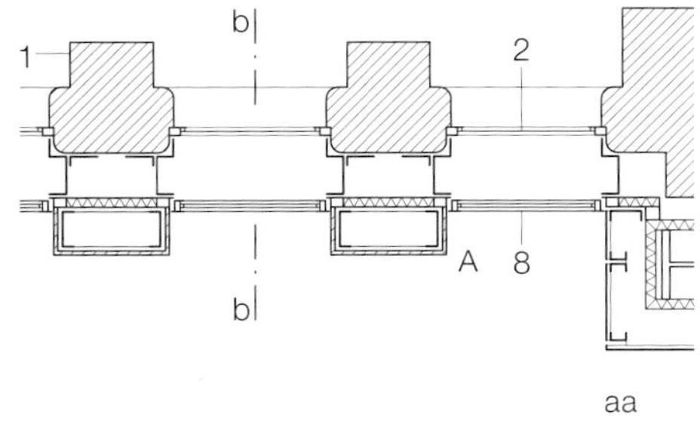

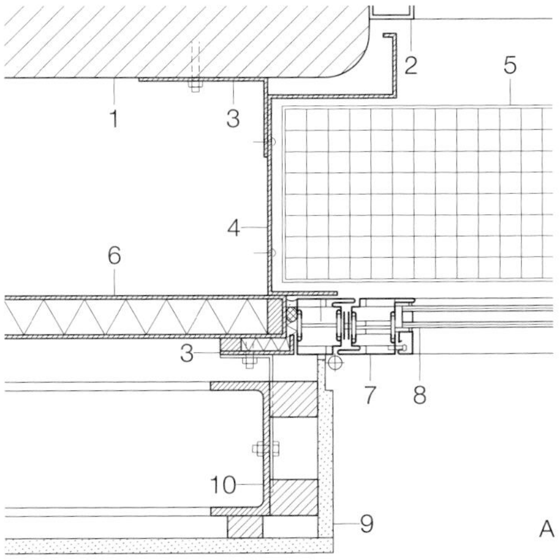

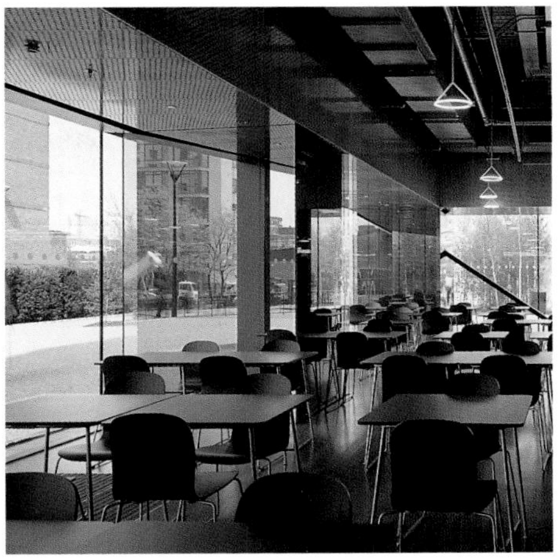

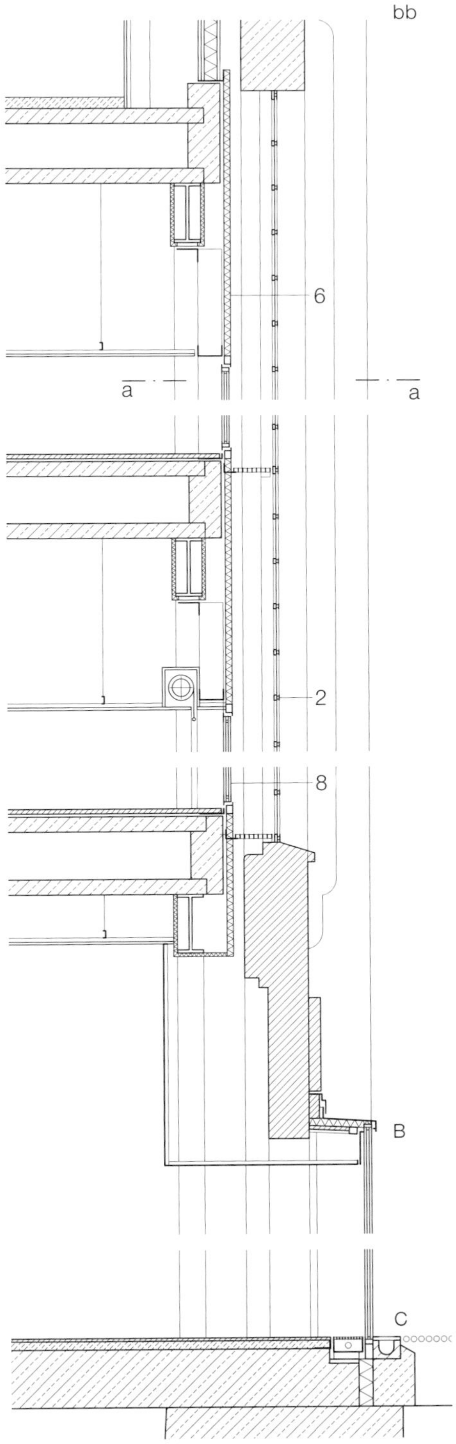

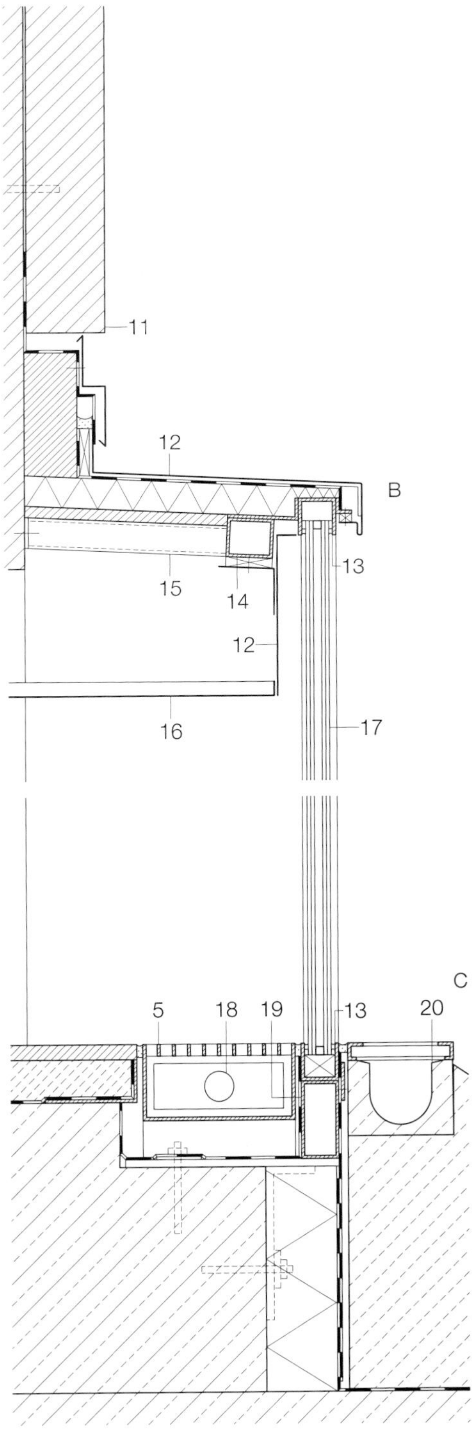

Sección horizontal
Sección vertical
Ventanas verticales
Escala 1:50

Detalles
Escala 1:10

1 Obra de fábrica (existente)
2 Ventana de acero (existente)
3 Chapa de acero plegada 3 mm
4 Chapa de acero plegada 2 mm
5 Emparrillado de acero
6 Panel de chapa de acero con aislamiento térmico 45 mm
7 Marco y hoja de ventana acero
8 Acristalamiento aislante RF 30, 24 mm
9 Placa de cartón-yeso RF 30
10 Perfil de acero [150
11 Obra exterior de fábrica 100 mm
12 Chapa de aluminio plegada 2 mm
13 Perfil de acero ⊔ 50/50/4 mm
14 Perfil de acero ▱ 60/50/3 mm
15 Perfil de acero ▱ 40/40/3 mm
16 Falso techo chapa de acero
17 Acristalamiento aislante 32 mm de 2 vidrios laminados de seguridad
18 Convector
19 Perfil de acero ▱ 100/50/3 mm soldado a pletina de acero ▱ 250/10 mm
20 Canalón prefabricado cubierto con emparrillado de acero

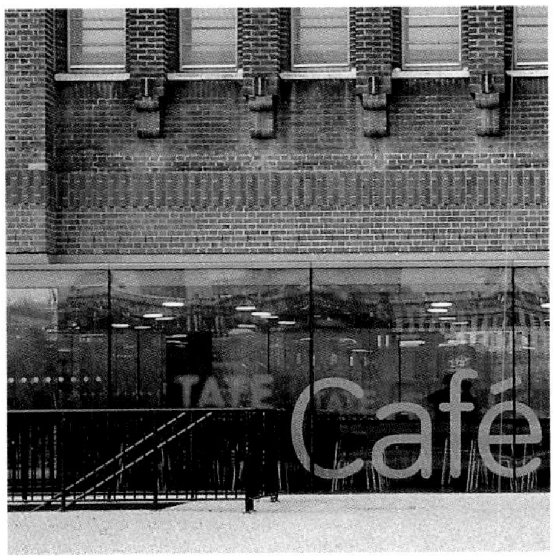

Galleries

Tate Modern: Collection 2000
in association with BT

The Unilever Series: Louise Bourgeois
Sponsored by Unilever

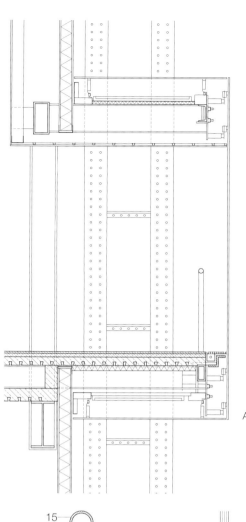

Mirador nave de turbinas
Escala 1:50
Detalle Escala 1:10

1 Vidrio laminado de seguridad
22 mm, con cara exterior chorreada
de arena y cara interior con capa de
resina epoxi opalina
2 Elemento corredero de vidrio
laminado de seguridad 13 mm,
cara exterior chorreada de arena
3 Tubo de aluminio Ø 68 mm
4 Pletina de acero ▭ 12 mm
5 Tubos fluorescentes
6 Perfil de acero [310 mm
7 Tubo de acero ▭ 80/80/6 mm
8 Tubo de acero ▭ 50/50/6 mm
soldado a pletina de acero
▭ 130/10 mm
9 Pieza fresada de acero 75/50/46 mm
10 Tubo de acero ▭ 200/100/5 mm
11 Panel de aluminio 45 mm
12 Emparrillado
13 Tubo de calefacción
14 Balaustre tubo de acero Ø 60 mm
15 Pasamanos tubo de acero Ø 60 mm
16 Construcción de suelo:
Madera de roble sin tratar 12 mm
Tablero de contrachapado de
madera 18 mm
Mortero de cemento 50 mm
Forjado de prelosa de
hormigón 110 mm

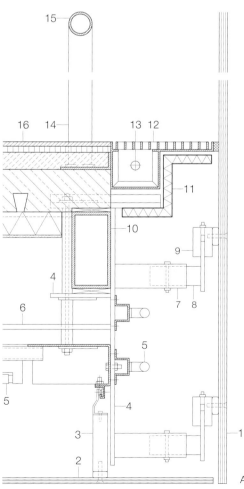

157

Centro cultural y de negocios en Turín

Arquitectos: Renzo Piano Building Workshop, Génova

Lingotto es uno de los distintivos de Turín. Su edificio, construido a comienzos de los años veinte como fábrica de la marca Fiat en la capital de Piamonte, fue durante mucho tiempo un símbolo de la modernización de Italia y una de las plantas de producción automovilísticas más grandes de Europa. Lingotto, cuya traducción literal sería "bloque", alberga hoy toda suerte de usos: tiendas, oficinas, restaurantes, aulas universitarias, cines, naves feriales y un hotel son sólo una parte de su oferta. A un tiempo centro de cultura, conferencias, compras y formación, el complejo constituye una ciudad propia dentro de Turín. Por razones de espacio, se ha ubicado un gran auditorio de 26 × 60 metros a un lateral, 16 metros bajo rasante. Éste sirve como sala de conferencias y conciertos, pudiéndose ajustar a cuatro tamaños de salas distintos, con aforo para entre 495 y 2090 personas.

En 1899 Giovanni Agnelli fundó en Turín la "Fabbrica Italiana Automobili Torino" y en 1915 la Dirección decidió la construcción de una nueva fábrica, cuyo diseño y ejecución encargó al ingeniero Giacomo Mattè Trucco. En 1921 terminaron las obras del bloque principal con dos volúmenes paralelos de más de 500 metros de largo y 24 metros de ancho, conectados por cinco secciones transversales más cortas. En estas secciones intermedias antes se hallaban los montacargas, que aseguraban el continuo desarrollo de la producción. El edificio de hormigón armado fue construido según el modelo americano, atendiendo a las teorías de Frederick Winslow Taylor acerca de la productiva distribución del trabajo, basándose en la cadena de producción y la organización vertical. Junto a la estructura del edificio, el esquema de funcionamiento también determinaba el diseño de la fachada, garantizando la máxima entrada de luz a través de las ventanas de altura de planta. La fabricación de vehículos tenía lugar por niveles, de abajo a arriba. Sobre la pista de más de un kilómetro de longitud que se extiende en la cubierta del edificio, los ingenieros probaban los prototipos – un total de 80 modelos distintos –. El recorrido de prueba especialmente concebido es único y distintivo de Lingotto.

Tras terminar las caras más estrechas, norte y sur, con rampas de subida y bajada para los automóviles fabricados, finalmente el edificio fue inaugurado en 1926. Fiat produjo sus vehículos durante más de 50 años en el monumental volumen;

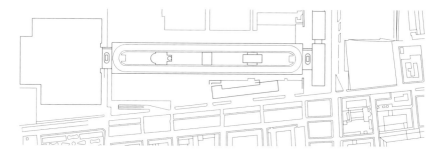

Plano de situación   Escala 1:10000

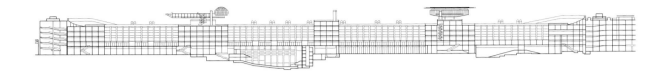

Sección · Vista superior de cubierta   Escala 1:4000

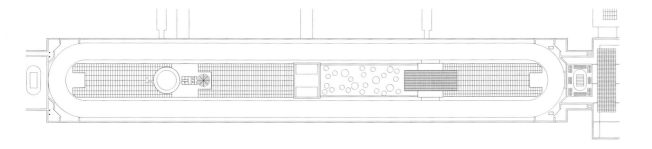

en este tiempo, el grupo Fiat construyó otros edificios industriales de mayores dimensiones y trasladó gran parte de la producción a otros emplazamientos. Un periodo de estancamiento coyuntural en 1980 acabó dos años más tarde con el cierre de Lingotto.

En el concurso internacional de arquitectura, convocado para la rehabilitación del imponente monumento industrial, resultó ganador el proyecto de Renzo Piano, quien se habría de ocupar de la remodelación y reorganización del complejo. La intervención se llevó a cabo en tres fases independientes entre 1991 y 2002. Cada una de las partes finalizadas podía ser inmediatamente utilizada tras su compleción. El objetivo primordial de la rehabilitación era desvelar la estructura original de los años veinte, retirando las construcciones insertadas y anexas. Allí donde la dimensión de los pilares no permitía un nuevo uso, se sustituyeron o reforzaron estos con revestimientos de hormigón.

Mientras que las fachadas se han preservado intactas, las construcciones sobre la cubierta acentúan la nueva imagen del complejo. Frente a la sala de conferencias, un cuerpo semiesférico de vidrio que cuenta con una pista de helicópteros anexa, a finales de 2002 se construyó el museo "Scrigno", que corona la ciudad como una "caja de tesoros". Sus exponentes son legado de Giovanni Agnelli, nieto del fundador de Fiat. Éste donó a la ciudad 25 obras de arte de su colección privada, levantando con la pinacoteca un monumento propio sobre los tejados de Turín. Desde el exterior, la forma peculiar del museo y su envolvente ciega, carente de ventanas, hace pensar en una edificación técnica. La estructura de acero parece la carrocería de un vehículo, una referencia a la antigua producción automovilística. La cubierta en voladizo recuerda a la construcción que el arquitecto diseñó para la fundación Beyeler en Basilea. La capa inferior consta de lunas de 2,12 × 4,50 metros. El remate superior, que Piano denomina "alfombra volante", está formado por unas 1800 lamas de vidrio en disposición oblicua, fijadas a una reja de acero de más de 50 × 20 metros de extensión. La construcción debe actuar como protección solar y procurar una iluminación óptima. Las obras de arte, entre las que se hallan cuadros de Matisse, Picasso o Renoir, cuelgan en planos transversales libres, dejando desnudas las paredes longitudinales. La pinacoteca es la continuación del espacio de exposiciones en el interior de la sección sur del edificio. Los seis niveles de exposición se comunican entre sí a través de una escalera de acero interior y dos ascensores panorámicos, visibles desde el exterior de la pinacoteca.

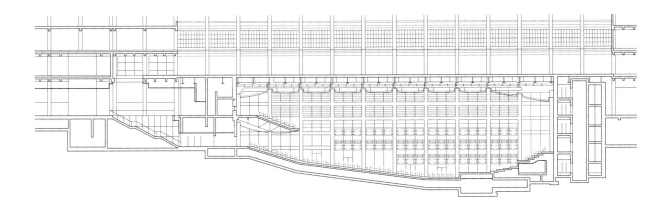

Sección de auditorio
Escala 1:750
Alzado de muro lateral con elementos
de protección acústica
Escala 1:100
Detalle de panel acústico
Escala 1:10

1 Panel acústico de MDF,
   contrachapado por ambos lados
2 Ménsula de fundición pintada
3 Puntal de acero ajustable pintado
4 Revestimiento de madera contrachapada
5 Balaustres de barandilla acero pintado
6 Solado de moqueta

7 Contrapiso tableros aglomerados
8 Forjado de hormigón armado
9 Placa de fijación de acero pintado
10 Elemento de anclaje ajustable
11 Raíles para elementos acústicos de
   acero pintado
12 Techo falso de cartón-yeso

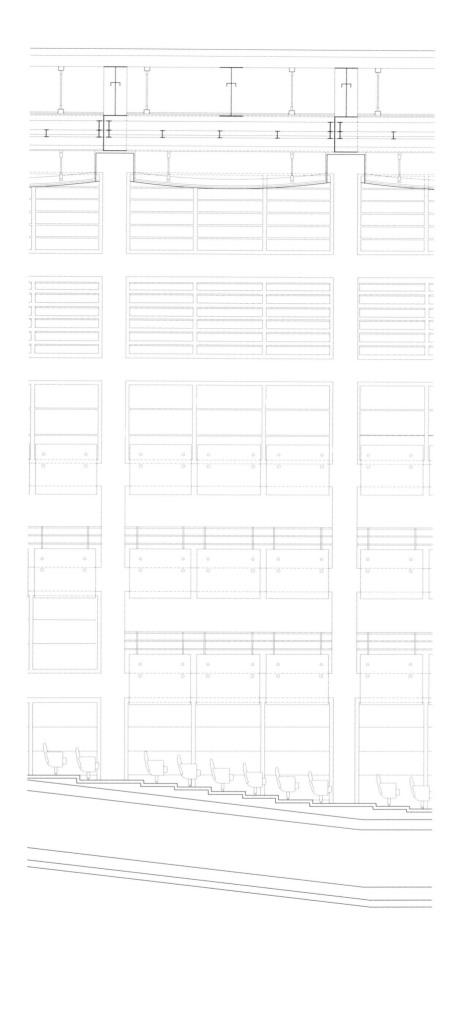

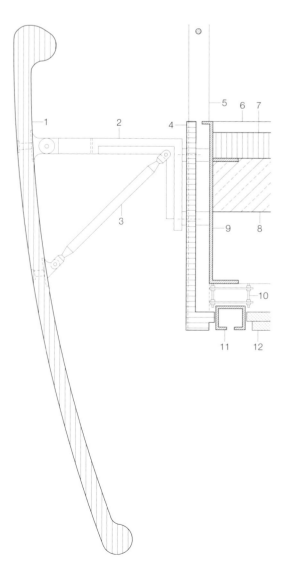

Pinacoteca
Planta · Sección
Escala 1:400
Axonometría
Estructura portante principal

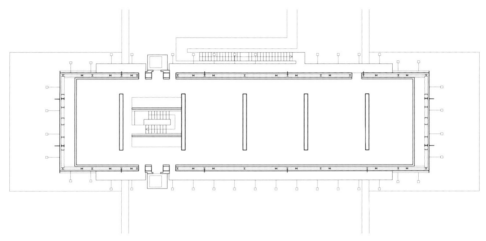

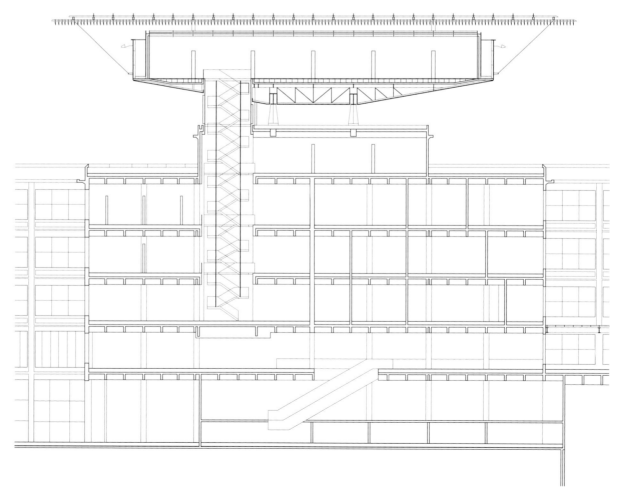

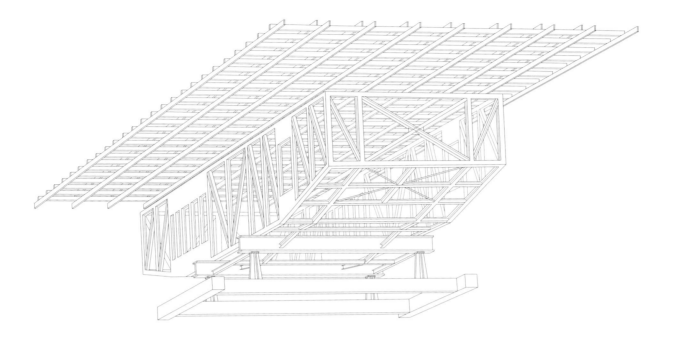

167

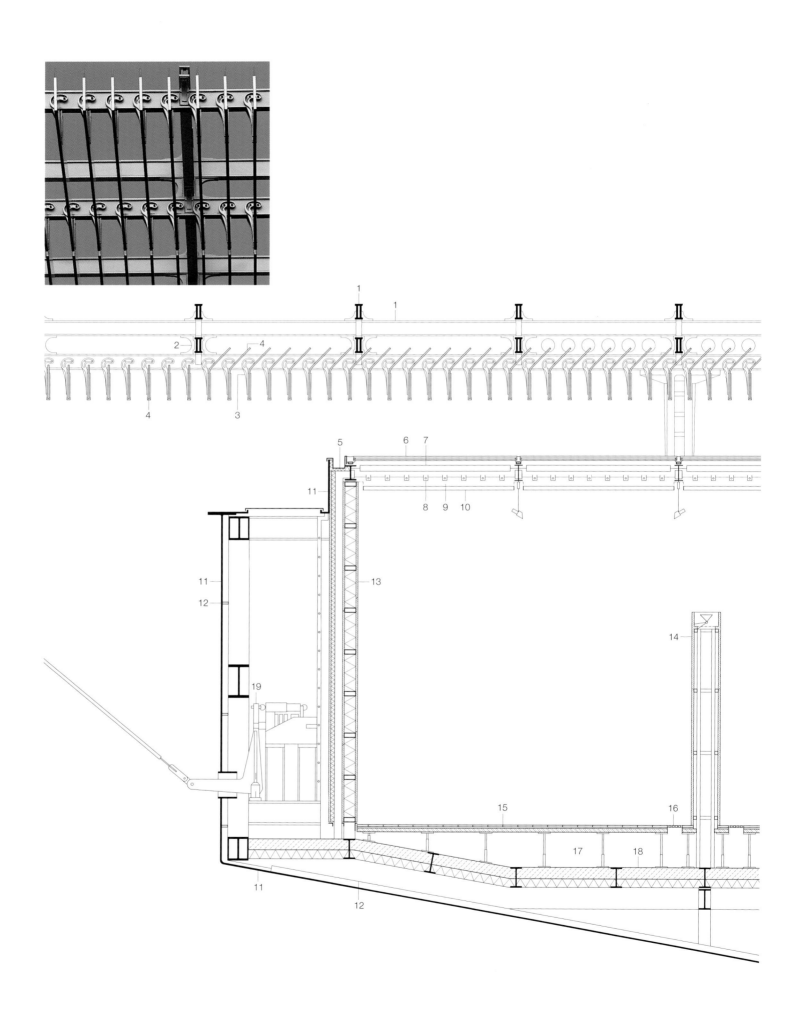

Sección de detalle pinacoteca
Escala 1:50

1 Perfil de acero 100/200 mm pintado,
  de pletinas de acero 18 mm
2 Elemento rigidizador de fundición de acero,
  chorreado de arena y pintado
3 Fijación de lamas elemento de fundición de
  acero inoxidable pulido
4 Lamas de vidrio laminado de seguridad
  extraclaro 2× 6 mm, con lámina intermedia
  de PVB de color blanco,
  fijada con perfil perimetral de acero
  inoxidable, parcialmente plegado
5 Canalón de cobre
6 Acristalamiento aislante de vidrio laminado de
  seguridad 2× 12 mm + vidrio templado

extraclaro + cámara intermedia 18 mm +
vidrio laminado de seguridad 6 + 8 mm vidrio
templado extraclaro, pegado con silicona
7 Lamas de aluminio orientables
8 Tubos fluorescentes
9 Canal de aire de retorno
10 Bastidor de aluminio 9000/1970 mm,
   tejido tensado en ambos lados
11 Fachada exterior chapa de acero lacada
   12 mm
12 Nervio de refuerzo
13 Plástico reforzado con fibras de vidrio 4 mm
   Cartón-yeso 2× 13 mm
   Aislamiento lana mineral 150 mm

Cartón-yeso 2× 13 mm
Canal de aire de retorno 100 mm
Aislamiento lana mineral 50 mm
Cartón-yeso 2× 13 mm
14 Plástico reforzado con fibras de vidrio 4 mm
   Cartón-yeso 2× 13 mm
15 Parqué de madera de roble 25 mm
   Tablero de fibras blandas 20 mm
   Tablero de fibrocemento 50 mm
16 Rejilla de suelo madera de roble
17 Aire de impulsión
18 Hormigón 150 mm sobre chapa grecada
   Aislamiento acústico 120 mm
19 Dispositivo tensor para barra de tracción

Arquitectos

Renovación urbana en Salemi

Cliente:
Episcopado de Mazara del Vallo,
Italia
Arquitectos:
Álvaro Siza Vieira, Oporto
Roberto Collovà, Palermo
Colaboradores:
Oreste Marrone, Viviana Trapani,
Ettore Tocco, Giambruno Ruggieri,
Francesca Tramonte, Ketti
Muscarella, Marco Ciaccio,
Guiseppe Malventano,
Alba Lo Sardo, Renato Viviano,
Allessandro D'Amico,
Pierangelo Traballi, Angela
Argento, Melchiorre Armata
Estructura (catedral):
Sergio De Cola, Palermo
Construcción: 1999

Álvaro Siza Vieira
Nacido en Matosinhos (Portugal),
1933; estudio propio en Oporto;
1966–69 docente en la Universidad
de Oporto; desde 1976 es catedrático en la Universidad de Oporto.

www.alvarosiza.com

Biblioteca de un monasterio en Fitero

Cliente:
Municipio de Fitero
Arquitectos:
Miguel A. Alonso del Val, Rufino J.
Hernández Minguillón, Pamplona
Colaboradores:
Eduardo Arilla Álvarez, María José
Prieto Rodríguez, Víctor Hernández
Barricarte, Patricia Sánchez
Delgado, Joaquín Aliaga Montes
Estructura:
Susana Iturralde Mendive (AH&),
Holtza
Construcción: 2001

Miguel A. Alonso del Val
Estudios de Arquitectura en la
Universidad de Navarra y en la Universidad de Columbia en Nueva
York; actividad docente en la Universidad de Navarra y en la Universidad de Madrid; desde 1989 dirige
un estudio con Rufino J. Hernández
Minguillón.

Rufino J. Hernández Minguillón
Estudios de Arquitectura en la Universidad de Navarra; actividad
docente en la Universidad del País
Vasco; desde 1989 dirige un estudio con Miguel A. Alonso del Val.

www.ahasociados.com

Centro Cultural de Toledo

Cliente:
Ciudad de Toledo
Arquitecto:
Ignacio Mendaro Corsini, Madrid
Colaboradores:
José Ignacio Montes Herraiz,
Vicente González Laguillo,
Mariano Martín
Dirección de obra:
Jesús Higueras Diez,
Juan Valverde, David Rodríguez
Estructura:
Julio García Maroto
Construcción: 1999

Ignacio Mendaro Corsini
Nacido en Marquina, 1946;
1976–96 profesor en la Universidad
de Madrid.

mendaro@telefonica.net

Museo en Colmenar Viejo

Cliente:
Municipio Colmenar Viejo
Arquitectos:
María José Aranguren López,
José González Gallegos, Madrid
Colaboradores:
Juan González Arce, Ignacio
Gonzalo Rosado, Luís Burriel
Bielza, Pablo Fernández Lewicki,
José Antonio Tallón Iglesias
Estructura:
Ceider S. A.
Construcción: 1998

María José Aranguren López
Nacida en Madrid, 1958;
docente desde 1984.

José González Gallegos
Nacido en Guadalajara, 1958;
docente desde 1984.

www. arangurengallegos.com

Entrada de tienda en Nueva York

Cliente:
Comme des Garçons
Arquitectos:
Future Systems, Londres
Jan Kaplicky, Amanda Levete
Estructura:
Ove Arup & Partners, Londres
Construcción: 1998

Jan Kaplicky
Nacido en Praga, 1937; 1969–79
colabora con Richard Rogers,
Renzo Piano y Foster Associates;
1979 funda el estudio Future
Systems en Londres.

Amanda Levete
Nacida en Bridgend (Reino Unido),
1955; 1982–89 colabora con
Richard Rogers; desde 1989 es
socia del estudio Future Systems.

www.future-systems.com

Casa amarilla en Flims

Cliente:
Municipio de Flims
Arquitecto:
Valerio Olgiati, Zúrich
Colaboradores:
Iris Dätwyler, Pascal Flammer,
Karen Wassung, Raphael Zuber
Dirección de obra:
Archobau, Chur
Peter Diggelmann, Walter Carigiet
Estructura:
Conzett, Bronzini, Gartmann, Chur
Construcción: 1999

Valerio Olgiati
Nacido en Chur, 1958; desde 1988
dirige su propio estudio; 1993–96
asociado a Frank Escher en Los
Ángeles; profesor invitado en la
ETH de Zúrich y la AA de Londres;
desde 2002 es profesor de la Acca-
demia di architettura in Mendrisio.

www.olgiati.net

Centro parroquial en Schwindkirchen

Cliente:
Fundación Mariä Himmelfahrt,
Schwindkirchen
Promotor:
Dirección Arzobispal de
Construcción, Múnich/Freising
Arquitectos:
arc Architekten, Múnich/
Bad Birnbach; Horst Biesterfeld,
Manfred Brennecke, Christof Illig,
Thomas Richter
Colaboradores:
Ursula Reiter, Anke Pfeffer
Estructura:
Seeberger, Friedl & Partner,
Pfarrkirchen/Múnich
Construcción: 2001

Horst Biesterfeld
Nacido en Colonia, 1940;
desde 1973 es socio de arc.

Manfred Brennecke
Nacido en Viena, 1943;
desde 1973 es socio de arc.

Christof Illig
Nacido en Gießen, 1961;
desde 1994 es socio de arc.

Thomas Richter
Nacido en Múnich, 1941;
desde 1973 es socio de arc.

www.arcArchitekten.de

Casa en Chevannay

Cliente:
Privado
Arquitectos:
Fabienne Couvert & Guillaume
Terver; Xavier Beddock (1ª fase)
Colaboradores (2ª fase):
Cristina Ayesa Ruiz, Julia Turpin,
Marie Bouté
Construcción:
1997 (1ª fase), 2002 (2ª fase)

Fabienne Couvert
Titulado en 1990 por la Ecole
d'Architecture de Grenoble;
1994–95 estancia en Roma;
desde 1996 dirige un estudio
con Guillaume Terver.

Guillaume Terver
Titulado en 1993 por la Ecole
Supérieure d'Arts Graphiques et
d'Architecture Intérieure de París;
desde 1996 dirige un estudio con
Fabienne Couvert; desde 2003 es
docente en la Ecole Supérieure
d'Arts Graphiques et d'Architecture
Intérieure de París.

www.couverterver-architectes.com

Centro de información en Criewen

Cliente:
Estado Federado de Brandenburgo
Arquitectos:
Anderhalten Architekten, Berlín
Claus Anderhalten
Colaboradores:
Christiane Giesenhagen,
Sandra Lorenz, Michael Schröder,
Henning von Wedemeyer
Dirección de obra:
Hubertus Schwabe
Dirección de proyecto:
Dirección Estatal de Obras
Públicas, Strausberg
Estudio higrotérmico:
Ingenieurbüro Rahn, Berlín
Estructura:
AIP Ingenieurgesellschaft,
Schöneiche
Construcción: 2000

Claus Anderhalten
Nacido en Colonia, 1962; colaborador en el estudio de Peter Kulka; en
1993 funda el estudio Anderhalten
Architekten en Berlín.

www.anderhalten.de

Vivienda-estudio en Sent

Cliente:
Privado
Arquitectos:
Rolf Furrer, Basilea
Christof Rösch, Sent
Colaboradores:
Simon Hartmann, Andreas Hunkeler
Estructura:
Andreas Zachmann, Basilea
Construcción: 2000

Rolf Furrer
Nacido en Basilea, 1955; desde
1982 dirige su propio estudio en
Basilea; asociado con Christof
Rösch desde 2000.

Christof Rösch
Nacido en Baden (Suiza), 1958;
escultor y arquitecto; actividad
docente en la Escuela Superior de
Diseño de Basilea; asociado con
Rolf Ferrer desde 2000.

r.furrer@architekten-bsa.ch

Rehabilitación de ático en Berlín

Cliente:
Schmitt Stumpf Frühauf & Partner,
Múnich
Arquitectos:
Rudolf + Sohn Architekten, Múnich
Manfred Rudolf, Christine Sohn
Estructura:
Schmitt Stumpf Frühauf & Partner,
Múnich
Construcción: 1997

Manfred Rudolf
Nacido en 1958; 1986–94 colaborador en distintos estudios de
arquitectura; 1994–95 profesor
asistente en la Universidad Técnica
de Múnich; desde 1994 dirige un
estudio con Christine Sohn.

Christine Sohn
Nacida en 1964; 1990–94 colabo-
radora en distintos estudios de
arquitectura; desde 1994 dirige un
estudio con Manfred Rudolf; desde
2002 es profesora asistente en la
Universidad Técnica de Múnich.

info@rudolfsohn.de

Ampliación de una casa en Múnich

Cliente:
Privado
Arquitectos:
Lydia Haack + John Höpfner
Architekten, Múnich
Estructura:
Timotheus Brengelmann, Múnich
Construcción: 1999

Lydia Haack
Nacida en Hof, 1965; desde 1996
dirige un estudio con John Höpfner.

John Höpfner
Nacido en Múnich, 1963; desde
1996 dirige un estudio con Lydia
Haack.

www.haackhoepfner.com

Ampliación de una casa en Montrouge

Cliente:
Privado
Arquitectos:
Fabienne Couvert & Guillaume
Terver, París
Diseño en colaboración con:
IN SITU montréal, Montreal
Colaboradores:
Marianne Bär, Aude Moynot,
Martin Otto
Estructura:
Fabienne Couvert & Guillaume
Terver Architekten
Construcción: 1999

Fabienne Couvert
Desde 1996 trabaja con Guillaume
Terver; desde 2000 dirige un estu-
dio propio.

Guillaume Terver
Desde 1996 trabaja con Fabienne
Couvert; desde 2000 dirige un
estudio propio.

www.couverterver-architectes.com

Ampliación de una casa en Remscheid

Cliente:
Privado
Arquitectos:
Gerhard Kalhöfer,
Stefan Korschildgen, Colonia
Colaboradores:
Andreas Hack
Estructura:
Thomas Hoffmann, Colonia
Construcción: 1997

Gerhard Kalhöfer
Nacido en 1962; actividad docente
en distintas escuelas superiores;
desde 1989 es catedrático en la
Escuela Técnica de Maguncia.

Stefan Korschildgen
Nacido en 1962; actividad docente
en distintas escuelas superiores;
desde 2001 es catedrático en la
Escuela Técnica de Düsseldorf.

www.kalhoefer-korschildgen.de

Restaurante en Oporto

Cliente:
Alves, Costa, Reis, L.D.A.
Arquitecto:
Guilherme Páris Couto, Oporto
Estructura:
António José Costa Leite, Oporto
Construcción: 1997

Guilherme Páris Couto
Nacido en 1964; 1993–99 colabo-
rador en el estudio de arquitectura
Álvaro Siza Viera; desde 1997 cola-
bora con Magalhães Carneiro
Gabinete.

guilhermepariscouto@hotmail.com

Casas prefabricadas en Dresde

Cliente:
Wohnbau NordWest GmbH,
Dresde
Arquitectos:
Architekturbüro Knerer & Lang,
Dresde
Thomas Knerer, Eva Maria Lang
Colaboradores:
Sandra Kavelly, Frank Käpplinger,
Christiane Butt
Estructura:
Ingenieurbüro Jenewein, Dresde
Ingenieurbüro Dietrich, Dresde
Construcción: 1996–2001

Thomas Knerer
Nacido en Garmisch-Partenkirchen
(Alemania), 1963; en 1993 funda un
estudio con Eva Maria Lang; desde
1999 es catedrático de Construcción en la Westsächsische Hochs-
chule de Zwickau (Escuela
Técnica).

Eva Maria Lang
Nacida en Múnich, 1964; en 1993
funda un estudio con Thomas
Knerer; desde 1994 desempeña
diversas actividades docentes, p.
ej, como profesora invitada en la
Universidad Técnica de Dresde.

www.knererlang.de

Casa junto al Starnberger See

Cliente:
Privado
Arquitectos:
Fink + Jocher, Múnich
Dietrich Fink, Thomas Jocher
Jefe de proyecto:
Bettina Görgner
Dirección de obra:
Fink + Jocher con Christof Wallner,
Múnich
Estructura:
Joachim Eiermann, Múnich
Construcción: 2000

Dietmar Fink
Nacido en Burgau, 1958; 1987–88
dirige un estudio con Karlheinz
Brombeiß y Nikolaus Harder;
desde 1991 dirige un estudio con
Thomas Jocher; desde 1999 es
catedrático en la Universidad
Técnica de Berlín.

Thomas Jocher
Nacido en Benediktbeuren, 1952;
desde 1991 dirige un estudio con
Dietrich Fink; desde 1997 es
catedrático en la Universidad de
Stuttgart.

www.fink-jocher.de

Parásito en Rotterdam

Cliente:
Fundación Parasite y fundación
Rotterdam 2001
Arquitectos:
Korteknie Stuhlmacher Architekten,
Rotterdam
Rien Korteknie,
Mechthild-Stuhlmacher
Colaboradores:
Iris Pennock, Marijn Mees
Estructura:
Ingenieurbüro ARIN,
Breda Ingenieurbüro Maderholz,
Donaueschingen
Merk Holzbau, Aichach
Construcción: 2001

Rien Korteknie
Nacido en Kortgene, 1961; desde
1997 colaborador autónomo de
Mechthild Stuhlmacher; desde 1997
es profesor invitado en la Universidad Técnica de Delft; desde 2001
codirige el estudio Korteknie Stuhlmacher Architekten.

Mechthild Stuhlmacher
Nacida en Tubinga, 1963; desde
1997 actividad autónoma como
arquitecta, publicista y curadora;
desde 1997 es docente en la Universidad Técnica de Delft; desde 2001
codirige el estudio Kortenknie Stuhlmacher Architekten.

www.ksar.nl
www.parasites.nl

Pabellón de té en Montemor-o-Velho

Cliente:
Instituto Português do Património
Arquitectónico, Câmara Municipal
de Montemor-o-Velho
Arquitectos:
João Mendes Ribeiro
Colaboradores:
Carlos Antunes, Cidália Silva,
Desirée Pedro, José António
Bandeirinha, Manuela Nogueira,
Pedro Grandão
Estructura:
Raimundo Mendes da Silva
Construcción: 2000

João Mendes Ribeiro
Estudios en la Universidad de
Oporto; 1989–1991 actividad
docente en la Universidad de
Oporto, desde 1991 docente en
la Universidad de Coimbra; numerosas publicaciones y premios
internacionales.

joaomendesribeiro@mail.telepac.pt

Complejo de viviendas en Chur

Cliente:
Helvetia-Patria Versicherungs-
gesellschaft, St. Gallen
Arquitectos:
Dieter Jüngling & Andreas
Hagmann, Chur
Estructura:
Georg Liesch AG, Chur
Construcción: 2000

Dieter Jüngling
Nacido en Basilea, 1957; colaborador en los estudios de Herzog &
de Meuron y Peter Zumthor;
desde 1990 dirige un estudio con
Andreas Hagmann.

Andreas Hagmann
Nacido en Lucerna, 1959; colaborador en el estudio de Peter
Zumthor; desde 1990 dirige un
estudio con Dieter Jüngling; desde
1999 es docente en la Escuela
Superior de Economía y Técnica
de Chur.

juengling.hagmann@bluewin.ch

Galería comercial en Sassuolo

Cliente:
Municipio de Sassuolo
Arquitectos:
Guido Canali con Mimma
Caldarola, Parma
Estructura:
Mario Milazzo, Carpi
Construcción: 1996

Guido Canali
Nacido en Parma, 1935; arquitecto
desde 1962; cátedras en las uni-
versidades de Parma, Venecia y
Ferrara.

Mimma Caldarola
Nacida en Bari, 1962; dirige un
estudio con Guido Canali desde
1989.

posta@canaliassociati.it

Museo Alf Lechner
en Ingolstadt

Cliente:
Ciudad de Ingolstadt,
Fundación Museo Alf Lechner
Arquitectos:
Fischer Architeken, Múnich
Florian Fischer
Colaboradores:
Ralf Emmerling, Sieglinde Neyer
Estructura:
Muck Ingenieure, Ingolstadt
Construcción: 2000

Florian Fischer
Nacido en Múnich, 1965;
en 1997 funda un estudio con
Erhard Fischer; desde 2003 es
profesor invitado en la Universidad
de Hannover; desde 2003 dirige el
estudio Florian Fischer Architekten.

www.fischer-architekten.com

Centro cultural y de negocios
en Turín

Cliente:
Lingotto S.p.A. & Palazzo Grassi
Arquitectos:
Renzo Piano Building Workshop,
Génova
Renzo Piano
Jefe de proyecto: M. van der Staay
Colaboradores:
A. Belvedere, K. van Casteren,
D. Dorell, F. Florena, B. Plattner,
A. Alborghetti, M. Parravicini,
A. H. Temenides, C. Colson,
Y. Kyrkos, O. Aubert
Estructura:
Fiat engineering
(estructura portante),
RFR (estructura de cubierta)
Construcción: 2002

Renzo Piano
Nacido en Génova, 1937; 1971–77
dirige un estudio con Richard
Rogers, 1977–93 dirige un estudio
con Peter Rice; desde 1993 dirige
el estudio Renzo Piano Building
Workshop con oficinas en Génova
y París.

www.rpbw.com

Reaseguradora en Múnich

Cliente:
Reaseguradora Münchener
Rückversicherungsgesellschaft
Arquitectos:
Baumschlager & Eberle, Vaduz
Carlo Baumschlager, Dietmar Eberle
Jefe de proyecto:
Eckehart Loidolt,
Christian Tabernigg
Colaboradores:
M. Sofia, E. Hasler, A. Monauni, M.
Fisler, B. Demmel, D. Weber
Dirección de obra:
BIP Beratende Ingenieure, Múnich
Estructura:
FSIT Friedrich Straß, Múnich
Diseño de fachada:
Wörner + Partner, Darmstadt
Proyecto paisajístico:
KVP Vogt Landschaftsarchitekten,
Zúrich
Construcción: 2002

Carlo Baumschlager
Nacido en 1956; desde 1985 dirige
un estudio con Dietmar Eberle;
actividad docente desde 1985.

Dietmar Eberle
Nacido en 1952; desde 1985 dirige
un estudio con Carlo Baumschlager;
actividad docente desde 1983;
desde 1999 es catedrático en la
ETH de Zúrich.

office@be-g.com

Tate Modern en Londres

Cliente:
Tate Gallery
Arquitectos:
Herzog & de Meuron, Basilea
Jacques Herzog, Pierre de Meuron,
Harry Gugger, Christine Binswanger
Jefe de proyecto:
Michael Casey
Dirección de obra:
Sheppard Robson + Partners,
Londres
Estructura:
Ove Arup & Partner, Londres
Interiores:
Herzog & de Meuron
con Office for design, Londres
Proyecto paisajístico:
Herzog & de Meuron
con Kienast Vogt + Partner, Zúrich
Construcción: 1999

Jacques Herzog
Nacido en Basilea, 1950; desde
1978 dirige un estudio con Pierre de
Meuron; desde 1999 imparte clases
en el ETH-Studio de Basilea.

Pierre de Meuron
Nacido en Basilea, 1950; desde
1978 dirige un estudio con Jacques
Herzog; desde 1999 imparte clases
en el ETH-Studio de Basilea.

info@herzogdemeuron.ch

Autores

Christian Schittich (ed.)

nacido en 1956
estudios de Arquitectura en la Universidad Técnica de Munich;
siete años de experiencia profesional en estudios de arquitectura,
actividad periodística;
desde 1991 trabaja para la redacción de DETAIL, desde 1992
es redactor responsable;
desde 1998 es redactor jefe; autor y editor de numerosas publicaciones
especializadas.

Berthold Burkhardt

nacido en 1941
estudios de Arquitectura e Ingeniería en Stuttgart y Berlín;
desde 1966 es colaborador de Frei Otto;
desde 1984 es profesor en el Departamento de Estructuras de la
Universidad Técnica de Braunschweig;
campos de investigación y enseñanza: diseño de estructuras,
construcciones ligeras, historia de la construcción,
aspectos estructurales de la conservación de monumentos históricos;
socio de un estudio de arquitectura e ingeniería con Martin Schumacher
en Braunschweig;
publicaciones sobre la rehabilitación de edificios del Movimiento Moderno
y la historia de la construcción ligera.

Johann Jessen

nacido en 1949
estudios de Arquitectura y Urbanismo en la Universidad Técnica de
Darmstadt;
profesor de Principios de Planificación Local y Regional en el
Departamento de Urbanismo de la Universidad de Stuttgart;
campos de trabajo: investigación urbana y de planificación,
asesoramiento urbanístico;
numerosas publicaciones acerca del desarrollo urbanístico,
el urbanismo y la planificación regional.

Günter Moewes

nacido en 1935
profesor (emérito) de Diseño y Construcción en el Departamento de
Arquitectura de la Escuela Superior Técnica de Dortmund;
campos de trabajo: construcción ecológica, interrelaciones entre economía
y arquitectura; numerosas publicaciones.

Jochem Schneider

nacido 1964
arquitecto y urbanista;
1994–1999 asistente en el Departamento de Diseño y Principios de la
Arquitectura Moderna, Universidad de Stuttgart;
campos de investigación: el espacio público, la reconversión y el
desarrollo urbanístico;
desde 1999 dirige raumbureau en Stuttgart, proyectos en el campo de la
planificación urbanística, investigación y comunicación.

Créditos fotográficos

Los autores y la editorial desean expresar su agradecimiento a todos los que han contribuido en la elaboración de este libro con la cesión de documentos fotográficos y permisos de reproducción, o la aportación de información. Todos los planos han sido especialmente realizados para esta obra. Las fotografías sin referencia provienen del archivo de los arquitectos o del archivo de DETAIL– Revista de Arquitectura. A pesar de nuestros esfuerzos, no se han podido localizar los autores de algunas fotografías e ilustraciones, si bien se han preservado los derechos de autor. Rogamos nos informen, en su caso.

Índice de fotógrafos, archivos y agencias:

- Archivo Autounion, Ingolstadt: p. 144
- Archivo Lingotto, Turín: p. 158–160
- Archivo de la Bauhaus Berlín; Theiss, Dessau: p. 31
- Bonfig, Peter, Múnich: p. 79–81
- Borges de Araujo, Nuno, Braga: p. 112–115
- Bousema, Anne, Rotterdam: p. 108–111
- Bruchhaus/Lachenmann, Múnich: p. 135, 138
- Cano, Enrico, Como: p. 162–163, 166–167, 169
- Casals, Lluís, Barcelona: p. 48–55
- Castagna, Francesco, Treviso: p. 131
- Christillin, Cristiano, Turín: p. 164–165
- Collovà, Roberto, Palermo: p. 38–41
- Cutillas, José Manuel, Barañain: p. 42–47
- Davies, Richard, Londres: p. 61, 63
- Delhaste, Théo, Courbevoie: p. 86–89
- Deutsche Foamglas GmbH, Vogt; Dirk, Haan: p. 32
- Engels, Hans, Múnich: p. 28
- Feiner, Ralph, Malans: p. 126
- Fessy, George, París: p. 14
- Heinrich, Michael, Múnich: p. 99–103, 145–149
- Hinrichs, Johann, Múnich: p. 90–93

- Hofmann, Patrick, Bülach: p. 27
- Hueber, Eduard, Nueva York: p. 137, 141, 142–143
- Huthmacher, Werner/artur, Colonia: p. 65, 67–69
- Kaltenbach, Frank, Múnich: p. 10, 25, 139–140
- Kerez, Christian; Olgiati, Valerio, Zúrich: p. 70–73
- Landecy, Jean-Michel, Ginebra: p. 154
- Lange, Jörg, Wuppertal: p. 104–107
- Lewis, Xavier, París: p. 97
- Malagamba, Duccio, Barcelona: p. 8
- Martinez, Ignacio, Lustenau: p. 24 abajo
- Muciaccia, Alberto, Roma: p. 133
- Müller, Stefan, Berlín: p. 82–84
- Naas & Bisig, Basilea: p. 74–77
- Pradel, David, París: p. 20
- Prokschi, Werner, Múnich: p. 26
- Reisch, Michael, Düsseldorf: p. 19 abajo izquierda
- Reuss, Wolfgang, Berlín: p. 30
- Richters, Christian, Münster: p. 155 arriba derecha
- Roth, Lukas, Colonia: p. 22
- Ruemenapf, Jan, Karlsruhe: p. 19 arriba izquierda
- Schenk & Campell, Lüen: p. 125
- Schittich, Christian, Múnich: p. 36, 54, 153, 157 abajo derecha 161
- Shinkenshiku–sha, Tokio: p. 152 centro izquierda, 155 abajo derecha, p. 156
- Spiluttini, Margherita, Viena: p. 152 abajo izquierda
- Stadtbild; Petras, Christoph, Angermünde: p. 18
- Ciudad de Dessau, Comisión Local de Patrimonio Cultural; Peter Kühn, Dessau: p. 35
- Städtische Galerie en Lenbach-haus, Múnich: p.17
- Steiner, Petra, Berlín: p. 120–123
- Suzuki, Hisao, Barcelona: p. 57–59
- Tate Photography; Leith, Markus, Londres 2002: p. 150–151
- Trapp, Tobias, Oldenburgo: p. 16
- Van Viegen, Maarten, Maastricht: p. 13
- Wicky, Gaston, Zúrich: p. 21
- Wirtgen, Steffen, Radebeul: p. 24 arriba

Índice de libros y revistas:

- Bauwelt 31/32, 1997, p. 1761: p. 12, 2.3
- Byggekunst 2, 2002, p. 35: p. 12, 2.2

Fotografías en blanco y negro al inicio de artículos y apartados:

- P. 8; hotel en el antiguo convento de Santa Maria do Bouro, Braga, Portugal; Eduardo Souto de Moura con Humberto Vieira, Oporto
- P. 10; edificio de oficinas de Münchener Rück, Múnich; Baumschlager + Eberle, Vaduz
- P. 22; edificio de viviendas y oficinas en Colonia; Brandlhuber & Kniess, Colonia
- P. 28; edificio de la Bauhaus en Dessau; Walter Gropius
- P. 36; centro cultural y de negocios de la antigua fábrica Fiat en Lingotto, Turín; Renzo Piano Building Workshop, Genua

Cubierta:

Patio interior del Museo Británico en Londres
Arquitectos: Foster & Partners, Londres
Fotografía: Christian Schittich